평신도제자훈련교재

교회를
세우는
사역

평신도 제자훈련교재

교회를 세우는 사역

평신도 사역자 자리매김

발행일 : 초 판 1쇄 인쇄 2009년 11월 2일
　　　　　 개정판 1쇄 인쇄 2015년 3월 5일
　　　　　　 2쇄 인쇄 2020년 1월 15일

발행인 : 김진호
편집인 : 송우진
책임편집 : 전영욱
기획/편집 : 강영아, 장주한
디자인/일러스트 : 권미경, 하수진
홍보/마케팅 : 이우섭
행정지원 : 조미정, 이상욱, 김효진

펴낸곳 : 도서출판 사랑마루
　　　　　 서울시 강남구 테헤란로64길 17(대치동)
대표전화 : TEL (02) 3459-1051~2/ FAX (02) 3459-1070
홈페이지 : http://www.eholynet.org, http://www.ibcm.kr
등록 : 2011년 1월 17일 등록번호/ 제2011-000013호
값은 뒤 표지에 있습니다. 잘못된 책은 구입하신 곳에서 교환해 드립니다.
ISBN : 979-11-86124-03-1
ISBN : 979-11-86124-02-4(세트)

1

평 신 도 제 자 훈 련 교 재

교회를 세우는 사역

인도자용

평신도 사역자 자리매김

목차 Contents

발간사　　　　　　　　　　　　　　　　　　　　　7

일러두기　　　　　　　　　　　　　　　　　　　8

오리엔테이션　　　　　　　　　　　　　　　　11

1권 평신도 사역자 자리매김

제1단원　나는 평신도 사역자입니다

1과 사역자는 그리스도 예수의 일꾼입니다　　　30

2과 사역자의 길은 은혜의 선물입니다　　　　　40

3과 사역자는 훈련을 통해 세워집니다　　　　　52

4과 사역자는 보냄을 받은 자입니다　　　　　　66

제2단원　사역자는 헌신합니다

5과 동역의 삶　　　　　　　　　　　　　　　　84

6과 순종의 삶　　　　　　　　　　　　　　　　98

7과 섬김의 삶　　　　　　　　　　　　　　　114

8과 고난의 삶　　　　　　　　　　　　　　　128

제3단원 사역자는 청지기입니다

9과 청지기의 삶   146

10과 시간의 청지기   158

11과 물질의 청지기   172

12과 자연의 청지기   184

교육과정개발: 이형로 박진숙

교재집필: 김대조 김대식 김덕주 박진숙 여성삼

              이준성 강종철 이형로 장원순 이동아

공동집필: 이시호 정현숙 정영호

개정집필: 김진영

평신도 제자훈련교재

1권	제1단원 나는 평신도 사역자입니다. 제2단원 사역자는 헌신합니다. 제3단원 사역자는 청지기입니다.
2권	제4단원 사역자는 받은 은사를 통해 일합니다. 제5단원 사역자는 말씀을 잘 알아야 합니다. 제6단원 사역자는 이단을 경계해야 합니다.
3권	제7단원 사역자는 영적으로 깨어있는 자입니다. 제8단원 사역자는 균형 있는 교회생활을 합니다. 제9단원 사역자는 중보기도자입니다.
4권	제10단원 사역자는 복음을 선포합니다. 제11단원 사역자는 세상에서 봉사합니다. 제12단원 사역자는 예비 사역자를 후원합니다.

평신도를 예수님의 제자로

평신도는 단지 예배 참석자가 아닙니다. 평신도는 목회의 동역자입니다. 평신도는 예수님의 제자로 세움을 입어서 주님의 명령(마 28:18-20)대로 살아가는 사명을 감당해야 합니다. 평신도들이 사역의 주체가 될 때, 주님의 아름다운 교회가 세워지고 하나님의 나라가 확장될 것입니다.

교단창립 100주년 교육사업의 일환으로 성결교회 평신도 제자화 교육과정을 개발하고 4종류의 교재를 만들었습니다. 바로 '새신자교재→세례교재→양육교재→제자훈련교재'입니다. 이 교재는 교회에 처음 나온 새신자도 반드시 사역자로 양성하겠다는 의지가 담겨있는 시리즈 교재입니다. 이 교재에 담겨있는 핵심 키워드는 '구원→믿음→생활→사역'입니다.

성결교회의 모든 신자들은 하나님의 은혜로 구원받아 온전한 믿음을 가지고 삶이 변화되어 주님의 사역자로 세움을 입어야 합니다. 교회에서는 새신자들이 언제든지 새신자교육과 세례교육을 받아서 온전한 신앙을 형성할 수 있도록 도와야 합니다. 그리고 양육과 사역교재를 통하여 평신도 사역자를 키워야 합니다. 만약 신앙연수가 오래되었는데 신앙이 성숙치 못한 신자가 있다면, 양육교재와 사역교재를 통하여 건강한 사역자로 세울 수 있을 것입니다.

성결교회의 새로운 100년을 맞이하여 목회현장에 실제적으로 도움이 될 교재가 개발된 것은 참으로 기쁘고 감사한 일입니다. 앞으로 평신도들이 주님의 몸 된 교회의 주체가 되고, 역사의 책임 있는 존재가 될 수 있도록 돕는 교재들이 지속적으로 개발될 것입니다. 주님의 아름다운 비전을 꿈꾸며 새 역사의 주인공이 됩시다.

기독교대한성결교회 총무 김진호 목사

사역훈련 교재의 특징

① 본 사역훈련 교재는 성도를 사역자로 세우기 위한 교재입니다.

통계상으로 우리 나라에는 850만 명이 넘는 기독교인이 있습니다(2005년 인구센서스 결과). 그런데 그 많은 기독교인 중에서 주일에 예배를 드리는 것 이외에, 진지하게 성경을 공부하고, 교회를 섬기며, 예수님의 가르침대로 세상의 소금과 빛으로 살아가고자 하는 사람들은 얼마나 될까요? 주님은 우리를 자녀로 삼으시고 제자로 부르셨습니다. 하나님의 일을 위한 구경꾼이 아닌, 선수로 부르신 것입니다. 본 사역훈련 교재는 단순한 성경공부 교재가 아니라 예배만 드리던 신앙인을 교회와 사람, 그리고 하나님을 섬기는 일하는 사역자로 세우기 위한 훈련 교재입니다.

② 본 사역훈련 교재는 지식을 쌓기 위한 교재라기보다는 실천을 위한 훈련 매뉴얼입니다.

살아 있고 능력이 있는 하나님의 말씀(히 4:12)은 많이 아는 것도 중요하지만 우리의 삶 속에서 실천될 때 더 큰 의미를 갖습니다. 사역훈련 교재는 성경을 탐구하는 과정을 담고 있지만 성경에 대해서 아는 차원을 넘어서 말씀대로 살아가는 신앙인을 세우기 위한 훈련 매뉴얼입니다. 따라서 교재의 대부분이 일상생활에서 겪을 만한 상황이나 생각해 보아야 할 만한 주제와 내용을 담고 있습니다. 모임의 참가자들은 각 주제에 따라 함께 고민하고, 결단하고, 실천하는 삶을 연습하게 됩니다. 사역훈련 과정은 어느 정도의 양육을 통해서 건강하게 신앙생활을 하고 있는 성도가 한 단계 더 성장하여 목회자를 도와 목회자의 동역자로서 하나님께서 허락하신 사역의 한 부분을 감당할 수 있도록 성숙케 하는 데 그 목적이 있습니다. 이 교재를 잘 마치면 각 개인의 신앙에도 유익하겠지만, 교회적으로 볼 때 구역장이나 강사 혹은 교회의 각 리더(지도자) 등의 역할을 맡겨도 될 정도의 훈련이 이루어질 것입니다.

③ 본 사역교재의 교육과정은 성결교회의 신학을 바탕으로 합니다.

본 교재는 교단의 사중복음인 중생, 성결, 신유, 재림을 '성결교회 신학연구회'가 이 시대의 언어로 표현한 '생명', '사랑', '회복', '공의'의 신학적 설명을 그 범위로 하고 있습니다. 그래서 개인적 영혼 구원과 개인적 삶에 있어서의 성결을 넘어서서 사회의 보편 가치들에 대한 복음적 시각을 갖는 데까지 교육의 목표와 장(場)을 확대하였습니다. 성결교인이 그러한 신앙의 바탕 안에서 교회에서의 사역과 세상에서의 소금과 빛으로서의 역할을 하도록 돕는 것이 이 교재의 목적입니다. 따라서 이 교재는 생활의 모든 영역인 개인의 구체적인 문제는 물론이고 사회적, 문화적, 윤리적, 정치적, 생태적 차원까지 언급하고 있습니다.

④ 사역훈련 교재는 가르치고 배우는 교재가 아니라 서로 논의하는 장(場)입니다.

사역훈련 과정을 이끄는 인도자라면 단지 지식을 가르치려고만 하는 것은 바람직하지 않습니다. 물론 이 과정을 잘 인도하기 위해서 본 교재의 각 과가 이루고자 하는 목표와 그에 따른 내용들을 철저하고 꼼꼼하게 준비해야겠지만 기본적으로 학습자가 주어진 주제에 대해서 스스로 깨달을 수 있도록 인도하는 것이 바람직합니다. 또한 인도자가 준비하고 얻은 답뿐만 아니라 인도자와 학습자간에 나눔을 통해서 서로 은혜가 더욱 풍성해질 수 있도록 학습자를 배려해야 합니다.

4권, 각 권당 12과씩, 총 48개의 주제가 적지 않은 양이긴 하지만, 이것이 사역자로서 알고 새겨두어야 하는 모든 내용이 될 수도 없습니다. 하지만 이 48개의 주제를 다루며 배우고, 생각하고, 느끼고, 결단하고, 실천하는 과정을 통해서 한 단계 더 성숙된 평신도 지도자로 나아가는 데에 큰 도움이 될 것입니다. 본 교재를 바탕으로 모든 성도들이 교회뿐만 아니라 가정과 사회에서 주체적 존재가 되고, 성결교회의 교인으로서, 또한 그리스도의 제자로서 확고한 정체성을 가지며, 마침내 이 땅 위에서 하나님의 뜻대로 살아가고 하나님의 나라를 이루어 내는 하나님의 사람으로 거듭나게 되기를 바랍니다.

신앙인을 넘어
평신도 지도자로 세워져가는
48주간의 신앙 여행

제자훈련 교육과정에 들어가면서

신앙인을 넘어
평신도 지도자로 세워져가는
48주간의 신앙 여행

할렐루야!

기독교대한성결교회의 평신도 제자훈련 교육과정의 마지막 단계인 '교회를 세우는 사역'에 함께 참여하시는 여러분들을 환영합니다.

하나님은 아들의 생명을 주시기까지 우리를 사랑하시고(요 3:16), 당신의 계획을 이루시기 위한 사업에 우리를 동참시켜 주셨습니다. 그런데, 세상은 그렇게 만만치가 않습니다. '교회가 세상으로부터 외면을 받고 있다.'는 안타까운 지적이 심심찮게 나오고 있습니다. 교회는 이에 대해 '그렇지 않다.', '일부 교회만의 문제다.' 혹은 '그래도 교회는 아직까지 건강하며 여전히 세상의 소망이다.'라고 대답을 하지만 세상은 아직 부족하다고 느끼는 모양입니다.

세상으로부터 인정을 받는 것 자체가 교회의 존재 목적은 아니지만, 교회가 하나님의 뜻대로 존재한다면 세상으로부터 인정을 받는 것이 당연한 결과입니다. 이를 위해서 교회는 성도들을 단지 주일예배에 참석하는 데 만족하는 교인(敎人)에서, 주님의 뜻대로 살려고 고민하고 실천하는 제자들로 성장, 성숙시켜야 합니다. 한 걸음 더 나아가서 교회사역에 있어서 목회자의 조력자요 동역자로서 일할 수 있는 사역자로 성장시켜야 합니다.

본 제자훈련 과정은 어쩌면 자신의 신앙만 알던 성도를, 타인을 섬기고 교회를 섬기고 그리고 궁극적으로는 하나님을 섬기는 제자로 훈련시키기 위한 과정입니다. 물론 이미 교회는 많은 성도들의 섬김과 봉사와 사역으로 움직이고 있습니다. 여러분들 가운데 상당수가 이미 이러한 사역의 과정에 동참하고 계실지도 모르겠습니다. 그렇다면 이 과정은 사역자로서 나의 현재와 미래를 동시에 그려보는 과정이 될 것입니다. 어떻게 하면 더 좋은 사역자가 될 수 있을지, 어떻게 하면 더 의미 있고 기쁘게 사역할 수 있는지를 깨닫게 되는 과정이 될 것입니다. 이 시간은 사역과정과 사역교재를 살펴보고 48주 간의 훈련을 다짐하는 시간입니다.

1. '제자훈련' 교재의 특징

훈련 과정이 진행되는 동안 지침서가 되어 줄 제자훈련 교재의 특징에 대해서 살펴봅시다. 교재 일러두기를 펴고 함께 읽어 봅시다.

2. '제자훈련' 교재의 구성

본 제자훈련 과정의 목차를 확인해 봅시다. 사역훈련 교재는 총 4권 48과(오리엔테이션과인 '제자훈련 과정에 들어가면서'는 제외)로 구성되어 있고 그 제목은 다음과 같습니다.

오리엔테이션

신앙인을 넘어 평신도 지도자로 세워지는 48주간의 신앙 여행

제1단원 나는 평신도 사역자입니다

1과 사역자는 그리스도 예수의 일꾼입니다
2과 사역자의 길은 은혜의 선물입니다
3과 사역자는 훈련을 통해 세워집니다
4과 사역자는 보냄을 받은 자입니다

제2단원 사역자는 헌신합니다

5과 동역의 삶
6과 순종의 삶
7과 섬김의 삶
8과 고난의 삶

제3단원 사역자는 청지기입니다

9과 청지기의 삶
10과 시간의 청지기
11과 물질의 청지기
12과 자연의 청지기

제4단원 사역자는 받은 은사를 통해 일합니다

13과 은사는 무엇인가요?
14과 은사는 다양합니다
15과 내가 받은 은사는 무엇일까요?
16과 은사의 청지기로 삽시다

제5단원 사역자는 말씀을 잘 알아야 합니다

17과 말씀에 대한 바른 에티켓
18과 삶과 일터를 변화시키는 하나님 말씀
19과 말씀 유통의 전문 노하우
20과 말씀 나눔의 탁월한 리더

제6단원 사역자는 이단을 경계해야 합니다

21과 이단이란 무엇인가?
22과 성경에 나타난 이단들
23과 교회에 침투하는 이단들과 대처방안
24과 건강한 교회는 이런 공동체입니다

제7단원 사역자는 영적으로 깨어있는 자입니다

25과 사역자는 예배의 삶을 삽니다
26과 사역자는 기도의 능력을 확신합니다
27과 사역자는 성령충만한 삶을 삽니다
28과 사역자는 겸손합니다

제8단원 사역자는 균형 있는 교회생활을 합니다

29과 우리는 주 안에서 동등합니다
30과 사역자는 관계를 소중히 여깁니다
31과 사역자는 열린 마음을 가집니다
32과 사역자는 돌보는 자입니다

제9단원 사역자는 중보기도자입니다

33과 중보기도란 무엇입니까?
34과 중보기도는 영적전쟁입니다!
35과 중보기도의 방법과 자세
36과 세계선교와 중보기도 네트워크

제10단원 사역자는 복음을 선포합니다

37과 영혼을 향한 하나님 아버지의 마음
38과 복음의 핵심
39과 전도자의 기본자세
40과 전도의 방법

제11단원 사역자는 세상에서 봉사합니다

41과 세상을 변화시키는 경건의 능력
42과 세상의 소금과 빛
43과 이웃을 섬기는 삶
44과 지역사회를 위한 교회의 10대 과제

45과 온 천하와 바꿀 수 없는 한 생명
46과 후원자의 마음
47과 예비 사역자 후원하기
48과 소그룹 인도를 위한 워크숍

제1단원 '나는 평신도 사역자입니다.'에서는 하나님께서 우리를 자녀로 부르심과 동시에 하나님의 일꾼으로 부르셨다는 사실을 다루고 있습니다. 우리는 그냥 교회에 다니는 사람이 아니라 하나님을 위한 일에, 하나님과 목회자들과 함께 동역하는 사역자입니다.

제2단원 '사역자는 헌신합니다.'에서는 사역자의 자세에 대해서 다룹니다. 하나님께서 우리를 사역자로 불러주셨고 우리는 그것을 잘 감당하기 위해서 적절한 훈련을 받아야 하며 그것을 위해 이런저런 희생을 감수해야 합니다. 그런데 이것이 우리에게 궁극적으로 기쁨이 됩니다.

제3단원 '사역자는 청지기입니다.'에서는 사역자의 위치를 청지기라는 입장에서 다룹니다. 사역자는 어떤 특권을 행사하거나 남에게 드러내기 위한 자리가 아닙니다. 사역자의 자리는 주인되신 하나님께서 우리에게 맡겨주신 책임감 있는 종의 자리입니다. 이 사실을 깨닫고 우리가 헌신해야 할 영역들을 생각해 볼 것입니다.

제4단원 '사역자는 받은 은사를 통해 일합니다.'에서는 하나님께서 우리에게 선물로 주신 은사에 대해서 다룹니다. 사역자는 자신의 능력을 최대한 키우기 위해 노력해야 하는데, 그것은 단순히 내 힘으로 하는 것이 아니라 하나님께서 주신 은사를 바탕으로 하는 것입니다. 은사는 하나님께서 주신 선물이기에 자랑할 것이 없습니다. 하지만 은사를 통해 사역할 때 가장 효과적으로 사역할 수 있습니다.

제5단원 '사역자는 말씀을 잘 알아야 합니다.'에서는 말씀을 배우고 함께 나누는 사역자의 모습에 대해서 다룹니다. 사역자는 교회의 리더이자 모범이 되어야 합니다. 때문에 말씀에 더욱 민감해야 하고 그 말씀을 함께 나누고자 하는 열정을 지니고 있어야 합니다. 사역자의 지도력과 섬김의 능력은 말씀에 바탕을 두어야 합니다.

제6단원 '사역자는 이단을 경계해야 합니다.'에서는 이단이란 무엇인가를 배우고 성경에 나타난 이단들의 모습을 배웁니다. 그리고 교회에 침투하는 이단들과 그 대처방안에 대해 배우며 마지막으로 건강한 교회의 모델에 대해 배웁니다.

제7단원 '사역자는 영적으로 깨어 있는 자입니다.'에서는 사역자의 가장 중요한 역할 중 하나인 예배사역에 대해서 집중적으로 다룹니다. 예배는 일주일에 한 시간 남짓 행해지는 행사가 아니라 기독교 신앙의 핵심이며 그리스도인의 삶의 중심입니다. 우리는 최고의 예배를 하나님께 드려야 할 의무가 있습니다. 사역자는 모두가 신령과 진정으로 예배드릴 수 있도록 예배를 섬겨야 합니다.

제8단원 '사역자는 균형 있는 교회생활을 합니다.'에서는 교회 내에서의 코이노니아에 대해서 다룹니다. 성도의 코이노니아는 단순히 친교를 목적으로 하는 오락이 아닙니다. 사역자는 교회 내의 교제를 통해서 서로를 위로하고 격려하며 공동체를 하나의 가족으로 성장, 성숙시켜 나가야 합니다.

제9단원 '사역자는 중보기도자입니다.'에서는 사역자의 중요한 역할 중 하나인 중보기도자의 역할과 모습에 대해서 다룹니다. 사역자는 단순히 일하는 사람이 아니라 기도하는 사람입니다. 하나님이 능력이 없어서 우리를 사용하시는 것이 아닙니다. 하나님은 우리의 마음을 원하십니다. 사역자는 기도하는 마음으로 함께하는 신앙인입니다.

제10단원 '사역자는 복음을 선포합니다.'에서는 모든 신앙인에게 있어서 가장 핵심이 되는 복음전파에 대해서 다룹니다. 전도와 선교는 예수님께서 우리에게 남겨주신 가장 큰 명령입니다. 믿지 않는 이들에게 복음을 전하는 것은 신앙인이 이 땅에서 행할 수 있는 가장 값진 사명입니다. 사역자는 이 사명의 중심에 놓여 있는 존재입니다.

제11단원 '사역자는 세상에서 봉사합니다.'에서는 세상과 혹은 세상 사람들과 만나야 하는 사역자들의 자세에 대해서 다룹니다. 사역자의 사명은 단지 교회 내에 국한된 것이 아닙니다. 신앙인으로서, 혹은 신앙인 중에 리더로서 세상 사람들에게 그리스도인의 참다운 모습을 보여 주어야 할 의무를 지니고 있습니다. 아니 그렇게 사는 것이 그리스도인의 당연한 모습입니다.

제12단원 '사역자는 예비 사역자를 후원합니다.'에서는 온 천하와 바꿀 수 없는 사람의 생명이 얼마나 소중한지에 대해 다루며 사역자가 또 다른 사역자를 후원하는 마음에 대해 배웁니다. 특별히 예비 사역자 후원하기와 소그룹 인도를 위한 워크숍에서는 실제적으로 새로운 사역자를 돕는 훈련을 통해 제자훈련의 끝을 맺습니다.

이상의 12단원 48과를 다루면서 제자훈련 과정에 임하는 학습자들은 한층 더 성숙된 그리스도인으로, 교회 내에서 중추적인 역할을 감당하는 평신도 지도자로서 거듭나게 될 것입니다.

3. '제자훈련 교재' 각 과의 구성

각 과는 다음과 같은 내용으로 꾸며져 있습니다.

성경읽기

본 사역훈련 과정이 이루어지는 48주간 동안, 구약 1번, 신약 1번의 성경을 읽을 수 있도록 구성되었습니다. 개인에 따라, 혹은 교회에 따라 다른 일정의 성경읽기를 진행할 수도 있겠지만, 이번 훈련을 통해 최소한 1번 이상 성경을 정독하는 것을 목표로 합니다. 성경 1번 읽기는 사역훈련 과정이 요구하는 최소한의 기준입니다. 각자가 매일 체크하고 인도자가 매주 확인합니다.

배울말씀

각 과의 주제의 바탕이 되는 말씀입니다. 과를 시작하기 전에 꼭 한 번 이상 읽고 묵상해야 합니다. 가능하면 자주, 그리고 깊이 읽고 준비하는 것이 좋습니다.

새길말씀

과의 주제에 관련된 핵심적인 성경구절입니다. 학습자와 인도자가 함께 암기하도록 합시다. 배울말씀을 읽고 묵상하는 것이 예습이라면 새길말씀은 그 과를 마치고 정리하는 복습의 시간입니다.

이룰목표

각 과마다 세 가지의 이룰목표가 있습니다. 이룰목표를 꼭 기억하고 참여하도록 합시다. 단순히 한 시간 정도 성경공부를 한다는 생각보다 각 과의 여러 가지 과정을 통해서 이 세 가지의 목표를 이루겠다는 마음으로 집중한다면 사역자로서의 훈련에 더 좋은 결과가 있을 것입니다.

주변 사람들의 이야기, 신문 기사, 여러 가지 사건들을 바탕으로 그 과의 주제와 관련된 이야기들을 나누게 됩니다. 중요한 것은 '관심갖기' 과정을 통해서 주제에 대해서 집중하고 호기심을 가지며 열린 마음으로 서로 나누려는 자세를 갖추는 것입니다. 주제와 그룹의 상황에 따라 다르겠지만 5~10분 정도가 적절합니다.

'탐구하기'는 배울말씀을 집중적으로 살펴보는 시간입니다. 약 3~7개 정도의 질문으로 성경은 무엇이라고 말씀하는지 생각해 보게 됩니다. 하지만 단순히 답을 달기 위한 성경공부가 아님을 기억해야 합니다. 인도자와 학습자 모두 열린 자세를 가지고 더 적절한 지혜와 지식을 얻기 위해 노력합시다. 주제와 그룹의 상황에 따라 다르겠지만 20분 정도가 적절합니다.

'관점바꾸기'는 탐구하기를 통해 배운 성경말씀을 바탕으로 나의 모습을 되돌아 보는 과정입니다. 때로는 다른 성경의 본문들을 통해 성서적인 체계와 교리적인 체계를 세우기도 할 것이며 때로는 이야기들을 통해 은혜를 나누고 나의 모습을 되돌아 보는 시간을 갖기도 할 것입니다. 가장 중요한 것은 나의 생각을 정리하고 이야기를 나누면서 각 과가 요구하는 주제에 대해 결단의 자세를 갖는 것입니다. 주제와 그룹의 상황에 따라 다르겠지만 15분 정도가 적절합니다.

'실천하기'는 각 과를 마무리 하는 과정입니다. 사역훈련 교재는 단순히 성경을 지식적으로 공부하는 교재가 아닙니다. 사역자가 되기 위한 훈련의 과정입니다. 신앙은 단순히 앎이나 지식에서 그치는 것이 아니라 실천과 삶을 통해서 드러나게 될 때 참 가치를 지니게 됩니다. 사역자는 기본적으로 섬기는 사람입니다. 섬김은 행동으로 드러나야 합니다. 행동은 반복된 훈련을 통해 길러질 수 있습니다. 실천하기가 제시하는 활동을 통해서 참다운 사역자가 되기 위해 훈련하는 걸음을 내딛도록 합시다. 주제와 그룹의 상황에 따라 다르겠지만 10~15분 정도가 적절합니다.

새길말씀 외우기

새길말씀을 다시 한 번 확인하는 과정입니다. 단순히 확인하는 과정을 넘어서서 새길말씀을 한 주간 동안 머리와 마음 속에 새기는 시작이 되는 시간입니다.

다함께 드리는 기도

'다함께 드리는 기도'에는 5가지의 기도 제목들이 있습니다. 매주 같은 내용이지만 하나하나 확인해 가며 기도하는 시간을 갖도록 합니다. 사역은 나의 힘으로 하는 것이 아니라 성령의 도우심으로 하는 것입니다. 그것이 참다운 사역입니다. 매 모임마다 최소한 10분 이상 기도해야 합니다.

이상의 내용들을 꾸준히 따라서 진행한다면 한 과 한 과를 마치면서 사역자로서의 자세와 태도에 대해서 자연스럽게 배우고 익혀 나가게 될 것입니다.

4. 우리는 모두 평신도 사역자들

평신도로서 이곳저곳에서 이런저런 모양으로 사역하고 있는 사역자들의 이야기입니다. 함께 읽고 생각을 나누어 봅시다.

① 교회학교 교사로 30년 – 윤승자 권사 (영도성결교회)

윤승자 권사님의 교회학교를 향한 사랑과 열정을 보면 나이는 숫자에 불과하다는 생각이 든다. 권사님은 교회학교 교사직을 하나님께서 주신 사명으로 알고 30년 이상 교사로 수고하고 계신다. 권사님은 교사로서의 자신의 신앙생활에 대해서 이렇게 고백한다.

저는 불신가정에서 자라 중3때 신앙생활을 시작했습니다. 그리고 22살에 영광된 교사의 직분을 받았습니다. 당시 외국 선교사에게 '교사의 중요성과 사명 감당에 대한 교육'을 받은 것이 평생 교사 생활에 큰 밑거름이 되었습니다. 지금은 교사직을 천직으로 알고 영도성결교회에서 30년 넘게 줄곧 사명 감당에 온 힘을 다하고 있습니다. "네가 나를 사랑하느냐?" "네 양을 먹이라"라고 거듭 말씀하시는 주님의 잔잔한 음성이 저로 하여금 교사의 직분을 내려놓지 못하게 했습니다. 제가 받은 형언할 수 없는 하나님의 사랑을 전하고, 제가 경험한 놀라운 체험들과 저에게 다가오신 살아계신 하나님의 사랑을 어린 심령들에게 전하고 싶은 마음으로 늘 교사직에 충성하려고 노력하고 있습니다.

저는 주일 아침이면 온 동네 어린이들을 집으로 초대하여 함께 밥상에 둘러앉아 함께 식사를 하고 교회 차에 탑승하여 함께 교회에 가는 것으로 교사의 첫 임무를 시작합니다.

저의 두 번째 임무는 평일에 시작됩니다. 평일 오전 혹은 오후, 저는 큰 가방에 초콜릿과 과자를 넣고 다니며 노방전도를 자주 합니다. 어디를 가나 어린이들만 보면 과자를 나눠주면서 이런저런 이야기를 나눕니다. 저는 전도는 다른 것이 아니라 무조건 친해지려고 가까이 다가가는 것이라는 일념 하에 전도를 했습니다.

저의 세 번째 임무는 매주 토요일 학교 앞에서 전도하는 것입니다. 수업을 마치고 나오는 어린이들에게 사탕과 전도지를 주며 전도할 뿐 아니라 우리 반 어린이가 있으면 반갑게 인사하고 한 주간의 이런저런 안부를 묻곤 합니다. 방과 후 학교 앞 전도를 통해 교회에 출석하는 어린이들에게는 주일출석을 독려하고, 함께 협력해서 주위에 있는 친구들을 전도합니다.

저의 네 번째 임무는 집으로 우리 반 어린이들을 자주 데리고 오는 것입니다. 공휴일이나 특별한 날에는 반 어린이들을 불러 하루 종일 함께 놀다가 저녁에 집으로 보냅니다. 처음에는 부모님들이 반대하기도 했지만 어린이들이 반듯하게 잘 자라니 이제 부모들의 동의를 받지 않아도 될 정도입니다.

저의 다섯 번째 임무는 우리 반 어린이들 집으로 가정방문을 하는 일입니다. 반 어린이의 집을 방문해 보면 힘들게 사는 가정과 열악한 여건에서 생활하는 사람을 많이 만나게 되고 이런 사정을 안 후에 어린이를 대하는 저의 태도가 달라지는 것을 느끼기 때문에 꼭 거르지 않고 합니다. 뿐만 아니라 가정방문은 반 어린이의 부모들과도 좋은 관계를 맺을 수 있는 이점이 있습니다.

어린이는 말 그대로 어린이입니다. 제가 엄마가 되어 찾아가고 안아주고 만나고 데리러 가는 그 열심을 하나님께서 기뻐하시는지 연말이 되면 항상 늘어난 우리 반을 보게 됩니다.

가장 보람된 때는, 어린이들이 "저도 선생님과 같은 교사가 되고 싶어요."라고 말할 때입니다.

주일 아침마다 교회에 가기 위해 잠이 덜 깬 눈을 비비며 저를 기다리는 어린이들의 모습을 생각하면서 오늘도 내일도 저는 그 어린이들을 위해 살 것입니다.

② 직장선교, 청지기 길러내는 또 다른 교회

김광훈 씨(○○은행 ○○지점, 직장인성경공부모임 ○○역모임 대표)는 모임을 통해 동료 직장인 한사람 한사람이 변화되는 것을 목표로 직장사역을 하고 있다. 그는 전도를 통해 평범한 직장인이 기독 직장인으로 변화되고, 또 기존 신자가 직장 안에서 자신을 향한 소명을 발견하여 힘차게 살아가는 모습을 보면서 사역의 기쁨을 느낀다. 김 대표는 매주 40여 명의 직장인이 모이고 있는 모임에 헌신하고 있다. 직장이 단지 경제적 필요 충당을 위한 곳이 아닌 사역지라고 생각하기 때문이다.

김 대표와 같은 방식으로 직장사역을 감당하고 있는 이들이 전국에 80여 명이 있다. 이들은 '직장인성경공부모임'(이하 BBB, www.bbb.or.kr)이라는 이름으로 각 지역모임을 담당하고 있다. 이미 그 모임이 전국적으로 85개(서울 40개, 경기인천 13개, 지방 15개 등)에 이르며 2,500여 명이 모이고 있다. 각 모임마다 예비리더들이 10-20여 명 정도씩 훈련되어 있어 언제든지 지역모임이 더 늘어날 수 있는 상태다.

"그 동안 큰 회사를 중심으로 '신우회'라는 모임이 있었습니다. 우리는 예배를 중심으로 조직된 모임을 '사역'이라는 점에서 더욱 활성화 시키고자 했습니다. 기독교인끼리 모여서 예배만 드리는 것이 아닌, 전도를 통해 복음을 전하고 또 기존 기독교인들과 함께 비전을 나누고자 한 것이죠." 이은남 간사(BBB 본부)는 기독 직장인에게 직장사역은 선택이 아니라 필수라고 강조한다. 교회와 가정보다 훨씬 많은 시간을 보내는 직장 안에서 능력 있는 그리스도인답게 살아야 하기 때문이라는 것이다.

③ 찬양으로 하나님을 섬기는 평신도 사역자 – 유지연 장로

"예전에도 음악사역을 했지만 교회에서 순장이나 구역장, 차량봉사를 맡아 일하게 되면서 다른 세계를 알게 됐습니다. 그러한 공동체의 경험이 제 음악에 고스란히 영향을 줬죠." 7·80년대 CCM의 선구자로 잘 알려진 횃셔뮤직 대표 유지연 장로의 이야기다.

유 장로는 '겸손'을 재차 강조했다. "하나님은 겸손한 사역자를 사용하십니다. 저도 예전에 성공가도를 달리며 자만심에 꽉 차 있던 때가 있었어요. 그런데 하나님께서 말씀을 통해 저의 죄를 깨닫게 하셨죠."

그의 말대로 유 장로는 7·80년대 대중음악과 CCM 두 분야에서 최고의 뮤지션이었다. 그는 신형원, 김범룡, 산울림의 김창완, 길은정, 김종찬, 윤형주, 이선희 등 국내 포크와 팝 계열의 수많은 유명가수들의 음반 프로듀서와 편곡, 어쿠스틱 기타와 하모니카 연주를 맡았다. 대중음악 활동에만 전념하던 그가 예수님을 인격적으로 영접한 계기는 '볼찌어다 내가 문밖에 서서 두드리노니'라는 요한계시록 3장 20절 말씀을 읽고 나서였다. 그 말씀을 읽고 비로소 그분께 마음의 문을 열어드렸다. 그 후 그는 80년대 두란노 경배와 찬양의 초대 뮤직 디렉터로 섬겼고, 국내 예배음악의 큰 전환을 일으킨 '전하세 예수' 1집에서 4집까지의 편곡과 연주를 담당했다. 뿐만 아니라 예수전도단, 주찬양, 다윗과 요나단 등 수많은 찬양 음반들이 그의 편곡이나 연주를 거쳐갔다.

평생을 예배사역의 확장과 보급에 힘써온 유 장로의 비전은 하나님의 사람들이 일상의 삶 속에서 참 예배자의 모습으로 살아가고, 찬양과 경배를 통해 그분의 임재 안으로 들어가는 데 하나의 도구와 그릇으로 쓰임 받는 것이다. 유 장로는 "국내에 탁월한 예배인도자와 CCM 사역자들을 세우는 전문적인 예배학교를 세우겠다."라고 앞으로의 비전과 포부를 밝혔다.

위의 이야기들을 읽고 생각나는 것, 느껴지는 것, 가장 마음에 와 닿는 것 등을 자연스럽게 이야기 나누어 봅시다.

5. 평신도 제자훈련 교육과정 참가를 결심하며

다음 모임부터 더 좋은 신앙인, 더 헌신된 평신도 사역자로 훈련받기 위한 48주간의 신앙 여행을 떠나게 됩니다. 이 과정을 잘 마치겠다는 다짐의 시간을 갖도록 합시다.

다짐의 글

나, OOO 는 평신도 제자훈련 과정에 즐거운 마음으로 참여하도록 하겠습니다.
이 과정을 허락하신 하나님과 교회 공동체에 감사를 드립니다.
이 과정을 통해 개인적으로는 더 성숙한 신앙인으로,
교회를 위해서는 더 헌신하고 섬기는 평신도 리더로,
하나님을 위해서는 하나님의 사역에 함께하는 동역자로
거듭날 수 있도록 최선을 다하겠습니다.

이것을 위해 다음의 사항들을 명심하고 지킬 수 있도록 노력하겠습니다.

1. 모든 모임에 빠지지 않고 참여하겠습니다.
2. 모임을 위해 항상 기도로 준비하고 배울말씀을 묵상하며 성경말씀을 항상 사랑하도록 하겠습니다.
3. 나뿐만 아니라 함께하는 동역자들과 인도자를 위해서 항상 기도하겠습니다.
4. 48주 동안 우선순위를 사역훈련에 두고, 함께하는 공동체에 관심을 갖겠습니다.
5. 모든 과정과 그에 따른 활동에 적극적으로 참여하겠습니다.

20_____ 년 ___ 월 ___ 일

평신도 제자훈련 교육과정 '교회를 세우는 사역' 단계

참가자_____

다함께 드리는 기도

1. 오늘 나눈 이야기들을 생각하며 다함께 기도하는 시간을 갖도록 합시다.

2. 오늘 참석한 구성원들을 위해서 이름을 불러가며 중보의 기도를 합시다.

3. 오늘 참석하지 못한 구성원이 있다면 그 사람을 위해 더욱 뜨거운 마음으로 기도
   합시다.

4. 한 주간의 삶을 통해서 오늘 배우고 익힌 내용들을 삶으로 살아갈 수 있도록 기도
   합시다.

5. 하나님의 은혜 가운데서 한 주를 살고, 다음 모임 시간에 모두가 모일 수 있도록 기
   도합시다.

다음 모임을 위하여

1. 다음 주에 읽어야 할 성경말씀을 읽고 확인합시다.

2. 다음 주의 배울말씀인 로마서 8장 1–17절을 읽고 묵상합시다.

1단원
나는 평신도 사역자입니다

단원 설명

　1단원은 교회를 세우는 사역에 있어서 사역자의 정체성과 관련된다. 사역자는 평신도로서 동역을 위해 부름을 받은 자이다. 교회를 세우는 사역에 있어서 담임목회자의 임무도 막중하지만 그와 함께 더불어 동역하는 사역자의 역할 또한 더 말할 나위 없다. 교회를 세우는 데 있어서, 혹은 교회를 더욱 건강하게 하는 데 있어서 사역자는 자신의 부르심이 사람으로부터가 아니라 하나님으로부터의 부르심이라는 것을 알아야 한다. 이는 곧 사역자는 그리스도 예수의 일꾼이라는 말이다. 사역자는 하나님께서 하기 원하시는 사역, 주님의 몸된 교회를 세우는 사역을 사역자인 우리에게 위임하셨다. 그렇게 부르심을 받아 위임받은 사역자의 사명은 교회 속에서, 그리고 자신의 삶 속에서 그 역할이 다양하다 할 지라도 궁극적으로는 담임목회자와 함께 영혼을 돌보고 살리는 일에 참여하는 것이다. 이 일은 사역자의 개인적인 자격이나 능력에 의해 부여된 것이 아니라 순전히 하나님의 은혜의 선물로 주어졌다. 그러므로 이러한 사역자의 길을 위해서는 반드시 훈련의 과정이 필요하다. 하나님의 말씀에 대하여, 사역자가 사용할 언어에 대하여, 사역자의 중요한 사역의 내용인 기도에 대하여, 사역자로서 타인과의 관계에 대하여, 사역자의 선교적 수행인 복음을 전하는 전도에 대하여 등 사역자로서의 역할을 감당할 때 필요한 자질들을 담임목회자로부터 충실하게 훈련받아야 한다. 그렇게 훈련받은 사역자는 교회와 세상 속에서 맡겨진 사명을 감당할 수 있도록 보냄을 받는다. 훈련으로만 그친다면 받은 훈련이 의미를 다할 수 없다. 충실하게 받은 훈련의 가치를 보냄 받은 현장 속에 나가서 사명을 감당하는 것이 사역자의 길이요, 교회의 성숙과 성장을 위해서, 그리고 세상에서 그리스도인으로서 소금과 빛의 역할을 다하는 삶이다.

1
평신도 제자훈련교재

사역자는
그리스도 예수의 일꾼입니다

배울말씀 로마서 15장 14-21절

도울말씀 마 9:37, 롬 16:1, 고전 4:1, 엡 3:7, 골 1:23

새길말씀 이 은혜는 곧 나로 이방인을 위하여 그리스도 예수의 일꾼이 되어 하나
님의 복음의 제사장 직분을 하게 하사 이방인을 제물로 드리는 것이 성
령 안에서 거룩하게 되어 받으실 만하게 하려 하심이라 (롬 15:16)

이룰 목표

① 사역자로의 부르심은 세상의 사람이 아닌 그리스도 예수의 사람으로 부르신 것임을 이해할 수 있다.

② 그리스도 예수의 일꾼은 영혼을 살리는 사람임을 깨달을 수 있다.

③ 그리스도 예수의 일꾼으로서 주어진 환경에서 감당해야 할 의무를 실천할 수 있다.

교육흐름표

15 min	10 min	20 min	10 min	15 min
O.T.	관심	탐구	관점	실천

교육진행표

구분	오리엔테이션	관심갖기	탐구하기	관점바꾸기	실천하기
제목		나는 누구입니까?	복음의 제사장	새로운 나	이렇게 시작합시다!
내용	환영, 단원 및 개요 설명	정체성 확인	예수의 일꾼의 역할확인	자신을 세우기	정리 및 실천내용 확인
방법	강의	질문하기, 답하기	성경 찾아 답하기	성찰하기	작문하기, 기도하기
준비물	출석부		성경책		볼펜, 종이
시간(70분)	15분	10분	20분	10분	15분

　'예수를 따르는 삶'으로 새롭게 개편된 양육교재가 하나님의 자녀 됨과 자녀다움에 초점이 맞추어져 있다면, 이제 시작하는 과정인 '교회를 세우는 사역'은 하나님의 자녀 됨과 자녀다움에서 더 나아가 하나님의 동역자로서의 '사역자'와 그 '사역'에 중점을 두는 훈련과정이다. 이는 예수 그리스도를 믿고 구원받아 하나님의 자녀가 된 사람들은 하나님의 일꾼으로서 그 사역을 감당할 수 있다는 것을 의미한다.

　본 과는 로마서 15장을 통해 사도 바울이 전하고 있는 사역자의 정체성과 그 역할을 이해함으로써 사역자로서의 부르심에 응답함에 있어 반드시 세워야 하는 토대를 제공하는 것을 그 목적으로 한다. 이러한 목적을 위한 세부적인 목표로 첫째, 사역자로의 부르심은 세상이 필요로 하는 사람이나 세상에서 요구하는 자격을 갖춘 사람이 아니라 오직 예수 그리스도의 사람, 즉 예수 그리스도를 자기 인생의 구주요, 모든 것 되신 이로 고백하는 사람이라는 것을 알게 하는 것이다. 둘째, 사역자는 예수의 일꾼으로서 한 영혼을 소중히 여기되 그 한 영혼을 예수 그리스도에게로 인도함으로 생명을 살리는 사람이라는 것을 알게 하는 것이다. 셋째, 사역자는 훈련을 통해 그 어떤 환경 속에서도 맡겨진 일들을 사명으로 여기고 충실하게 수행해야 한다는 것을 알게 하는 것이다.

　오늘 배울말씀인 로마서 15장에서 바울은 하나님께서 주신 은혜로 인해 '하나님의 복음의 제사장'이라는 직분을 가진다. 그러므로 바울은 특별히 이방인을, 즉 하나님을 모르는 이들을 성령의 능력으로 거룩하게 변화시키고 나아가 하나님께서 받으실 만한 제물이 되게 하는 사명을 가진 것이다. 이와 같이 우리를 사역자로 부르심은 바로 그리스도 예수의 일꾼으로 부르신 것이며, 모든 민족으로 제자를 삼아 거룩한 백성으로 변화시키는 것임을 의미한다. 또한 바울은 자신의 사명인 복음을 듣지 못한 자들에게 복음 전하는 데 있어서 열정이 남달랐다. 그래서 배울말씀 로마서 5장 20-21절에서 '내가 그리스도의 이름을 부르는 곳에는 복음을 전하지 않기를 힘썼노니 이는 남의 터 위에 건축하지 아니하려 함이라'고 고백하는 것을 볼 수 있다. 이러한 태도는 우리로 하여금 우리 주변에 예수 그리스도를 알지 못한 채 살아가는 사람들을 향해 예수 그리스도를 증언하는 삶을 살도록 도전을 주고 있다.

배울말씀 로마서 5장 17절 이하에 보면, 바울에게는 '자랑거리'가 있었다. 자랑거리는 숨기는 것이 아니다. 타인으로 하여금 알리고 싶은 보물과 같은 것이다. 바울에게 있어서 그 자랑거리는 하나님의 일에 대한 것이었다. 그 하나님의 일이란 바로 자신이 하나님의 부르심에 응답했던 것처럼, 예수 그리스도를 모르는 이들이 자신을 통하여 예수 그리스도를 시인하게 되고, 그래서 예수 그리스도 안에서 한 영혼이 새롭게 되는 일이었다. 다시 말해 바울의 자랑은 21절에서 '주의 소식을 받지 못한 자들이 볼 것이요 듣지 못한 자들이 깨달으리라'는 은혜였다.

내가 사역자로 하나님의 부르심을 받은 것, 이것은 감사의 조건일 수밖에 없다. 본디 어둠이었던 '나'를 하나님께서 친히 찾아오셔서 또 동역자로 불러 주셨기 때문이다. 예수 그리스도 안에서, 예수 그리스도의 은혜와 사랑으로 인해 내가 변화된 것을 자랑거리로 여기고, 이러한 은혜로 변화된 '나'에게 주시는 사역자로서의 삶을 소망 속에서 기대하자. 그래서 본 훈련의 과정을 통해 사역자가 갖추어야 할 삶의 태도와 모습을 배우고 우리의 삶 속에서 구체적인 실천을 이루어 가자.

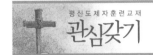

나는 누구입니까?

다음의 질문에 간략하게 대답해 봅시다.

① 당신은 누구입니까? (이름, 직분, 성격, 직업, 가정에서의 역할, 성별, 나이, 신
  앙생활 등)
② 당신의 강점은 무엇입니까? 그리고 약점은 무엇입니까?
③ 구원에 대한 확신이 있습니까?
④ 어떤 계기로 신앙을 갖게 되었습니까?
⑤ 교회에서 봉사하고 있는 일은 무엇입니까?
⑥ 그리스도인은 어떤 사람이라고 생각합니까?
⑦ 어떤 때에 안타깝거나 마음이 아픕니까?
⑧ 기도요청을 받아 본 적이 있습니까? 어떤 제목이었습니까?
⑨ 불신자를 교회로 인도해 본 적이 있습니까? 있다면, 누구를, 어떻게 인도하셨
  습니까?
⑩ 이 과정을 훈련받게 된 이유는 무엇입니까?

이 질문들은 정답이 정해져 있다기보다 주어진 질문에 스스로 답을 해보면서 자
신이 어떤 사람인지를 파악해보는 데 그 목적이 있다. 사역자로 세워지기 전에 반
드시 자신의 정체성을 점검해야 한다. 그 중 자신이 어떤 사람인지, 구원에 대한
확신이 있는지는 그 어떤 질문보다도 중요하다. 여기에서 그리스도인의 정체성이
형성되기 시작하기 때문이다. 최근 건강한 교회에 대한 연구에 있어서 이슈 중 하
나가 교회가 사역자를 세우는 일에 있어서 강도 높은 훈련 없이 안일하게 세우고,
정확하게 점검해야 하는 것을 소홀히 하고, 온정주의적으로 직분을 남발하고 있
다는 것이다. 그러므로 사역자로 훈련받는 처음 단계에서 이와 같은 질문에 솔직
하게 답변해보고 스스로 판단해서 모자라는 부분이 있으면 교역자와의 상담을 통

해 해결한 후 이 과정을 수행해야 한다. 주님은 주님의 일을 위임받아 그것을 잘 수행할 수 있는 사역자를 원하신다. 즉 주께서 "모든 민족으로 제자로 삼아 아버지와 아들과 성령의 이름으로 세례를 베풀고 주님께서 분부한 모든 것을 가르쳐 지키게 하라(마 28:19-20)." 하신 그 말씀을 마음에 품고 그 말씀에 순종하고자 애쓰는 이들인 것이다. 그리고 바로 이러한 삶의 태도가 그리스도인의 삶의 방식이다.

 복음의 제사장

로마서 15장 14-21절을 읽고 다음 질문에 답해 봅시다.

1. 바울은 본문 16절에서 자신이 하나님의 은혜로 어떤 일을 위한 사람이 되었는지 밝히고 있습니다. 16절을 잘 읽어보고 예수의 일꾼이 감당해야 할 역할에 대해서 말해 봅시다.

  알다시피 바울은 은혜로 일꾼이 되었다. 그리고 그 일은 이방인을 위한 것이었다. 그것을 달리 표현하면 하나님의 복음의 제사장이라는 직분이다. 하나님을 모르는 이방인을 성령으로 말미암아 거룩하게 변화시키고, 또 하나님께서 받으실 만한 제물이 되게 하는 것이 그의 사명이었다. 우리를 일꾼으로 부르신 것은 바로 그리스도 예수의 일꾼으로 부르심이며 이는 모든 민족으로 제자를 삼아 거룩한 백성으로 변화시키는 것이 우리의 사명임을 의미한다.

2. 바울은 17절에서 그리스도 예수 안에서 하나님의 일에 대하여 자랑거리가 있다고 밝히고 있습니다. 그의 자랑거리가 구체적으로 무엇인지 찾아봅시다.

바울의 자랑거리는 그리스도 예수 안에서 하나님의 일에 대하여 자랑하는 것이다 (17절). 이어서 그는 그리스도께서 이방인들을 순종하게 하기 위하여 자신을 통하여 역사하신 것 외에는 감히 말하지 아니하노라고 말하고 있다(18절). 바울에게 있어서 자랑거리는 그리스도의 복음을 전함으로 그리스도를 모르던 이방인들이 예수 그리스도를 알고 순종하게 한 것이었다. 갈라디아서 6장 14절에서 바울은 '우리 주 예수 그리스도의 십자가 외에 결코 자랑할 것이 없으니'라고 고백한다. 그런 의미에서 바울의 자랑거리는 예수 그리스도의 십자가의 은혜이다.

3. 바울은 복음을 편만하게 전하면서도 한편으로는 복음을 전하지 않으려고 했던 곳이 있었습니다. 20-21절을 잘 읽어보고 왜 바울은 그곳에서 복음을 전하지 않았는지 말해 봅시다.

바울은 이미 그리스도의 이름을 부르는 곳에는 복음을 전하지 않으려 했다. 그는 아직 복음을 듣지 못한 자들에 대한 열정이 더 컸기 때문이다. 바울의 이러한 태도는 우리에게 도전이 된다. 이는 이미 신앙을 가진 우리에게 두 가지 도전을 준다. 하나는 바울이 자랑거리로 여겼던 복음에 대한 열정을 우리 자신 속에서 일깨움으로 아직 우리 주변에 예수 그리스도를 모르는 이들에게 복음을 전하는 일이고, 다른 하나는 나 자신이 사역자로 훈련받아 새로운 이들을 사역자로 세우는 일에 헌신하는 것이다. 그 일을 감당하는 사람이 진정 복음의 제사장이요 예수의 일꾼이다.

평신도제자훈련교재
관점바꾸기
새로운 나

1. 내가 하나님의 자녀가 되었다는 사실과 내가 그리스도 예수의 일꾼으로 부르심을 받았다는 것에 대해 한 번 생각해 봅시다. 그리고 함께 나누어 봅시다.

이 모든 것이 은혜다. 세상의 가치와 욕심에 따라 살다가 영원한 죽음으로 심판받을 수밖에 없었던 우리에게 하나님께서 친히 찾아오셔서 우리를 자녀로 삼아주셨기 때문이다. 그렇게 우리는 영원한 생명을 선물로 받았다. 우리는 이 은혜를 멈출수 없다. 우리를 통하여 또 다른 이들에게 확산시켜야 한다. 그러기에 예수님께서 우리를 예수의 일꾼으로 부르시어 그 일을 감당케 하시는 것이다.

2. 그리스도 예수의 일꾼으로서 자랑할 수 있는 일들은 구체적으로 어떤 것이 있을까요? 함께 이야기 나누어 봅시다.

바울은 자신이 이방인을 위한 사도로 부르심을 받은 일에 대해 확신이 있었다. 그리고 이방인들이 자신을 통해 예수를 그리스도로 고백하고 하나님의 백성이 되는 일을 자랑스러워했다. 즉 하나님의 선교에 동역하는 것을 자랑스러워했던 것이다. 우리가 예수의 일꾼이 되어 그 사명을 감당하는 것은 부담이 아니라 자랑거리이다. 구역 속에서, 남녀 전도회 속에서, 교회 속에서 봉사를 하는 일 역시 자랑거리이다. 무엇보다 우리를 통하여 복음이 전파되는 일은 이 땅에서 가장 자랑스러운 일임에 틀림없다.

3. 그리스도 예수의 일꾼으로서 내가 가져야 할 태도나 각오, 달라져야 할 모습이 있다면 무엇일까요? 함께 이야기 나누어 봅시다.

외교관은 파송된 나라에서 자신의 나라를 대표하는 자로서 자부심을 갖는다. 마찬가지로 예수 그리스도의 일꾼이 된 우리 역시 하나님나라의 사명자로서의 자부심을 가져야 한다. 에스겔서를 보면, 하나님께서 에스겔을 그 이마가 굳고 마음이 굳어 하나님의 말씀을 듣지 않는 이스라엘 백성들에게 파송하실 때, 그들을 두려워하지 않고 담대하게 상대할 수 있도록 에스겔의 얼굴을 금강석 같이 만드셨다(겔 3:4-9). 예수 그리스도의 일꾼은 이처럼 자부심과 담대함을 가져야 한다.

다음의 순서에 따라 해보고, 새롭게 변화될 자신의 모습을 그려 봅시다.

1. 오늘 배운 내용을 생각하면서 잠깐 묵상합니다.

2. 과거의 내 모습을 써봅시다.

3. 오늘 발견한 새로운 나의 모습을 써봅시다.

4. 오늘 배운 것을 토대로 한 주간 동안 실천할 수 있는 일들과 장기적으로
   도전할 수 있는 실천내용을 써봅시다.

5. 하나님께서 나를 그리스도 예수의 일꾼으로 불러주신 것을 감사하며,
   오늘 다짐한 것들을 하나님의 도우심 속에서 성공적으로 실천할 수 있도록
   함께 중보의 기도를 드립시다.

사역자의 길은 이론으로만이 아니라 구체적인 수행이 따를 때에만 그 의미가 있다.
어렸을 때에는 젖을 먹어야 하지만 장성하여서는 밥을 먹어야 하는 것처럼, 훈련
을 통해 믿음의 수준이 성장하고 성숙하게 된다면 그 열매는 그의 삶을 통해 증명
된다. 작은 일을 구체적으로 실천하는 것이 아주 큰 계획을 세우기만 하는 것보다
더 귀하다.

새길말씀 외우기

이 은혜는 곧 나로 이방인을 위하여 그리스도 예수의 일꾼이 되어 하나님의 복음의 제사장 직분을 하게 하사 이방인을 제물로 드리는 것이 성령 안에서 거룩하게 되어 받으실 만하게 하려 하심이라 (롬 15:16)

다함께 드리는 기도

1. 오늘 배운 말씀과 내용을 생각하며 다함께 기도하는 시간을 갖도록 합시다.
2. 오늘 참석한 구성원들을 위해서 이름을 불러 가며 중보의 기도를 합시다.
3. 오늘 참석하지 못한 구성원이 있으면 그 사람을 위해 더욱 뜨거운 마음으로 기도합시다.
4. 한 주간의 삶을 통해서 오늘 배우고 익힌 내용들을 삶으로 살아갈 수 있도록 기도합시다.
5. 하나님의 은혜 가운데서 한 주를 살고, 다음 모임 시간에 모두가 모일 수 있도록 기도합시다.

＊사역자로서 이 과를 마치고 난 느낌이나 소감, 다짐 등을 간단하게 말해 봅시다.

다음 모임을 위하여

1. 다음 주에 읽어야 할 성경말씀을 읽고 확인합시다.
2. 2과의 배울말씀인 에베소서 3장 1–13절을 읽고 묵상합시다.

평신도제자훈련교재
평가하기

평가항목	세부사항	그렇다	그저 그렇다	아니다
인도자의 준비도	인도자는 본 과의 교육목적을 이룰 수 있도록 충분하게 준비했습니까?			
교육목표의 성취도	1. 학습자들은 자신의 잘못된 선입견과 고정관념을 버리고 순수한 마음으로 주님을 만날 준비가 되었습니까? 2. 학습자들이 예수에 대하여 지식적으로 아는 (know) 단계에서 체험적으로 아는(see) 단계로 발전하고자 결단하게 되었습니까?			
학습자의 참여도	학습자들이 진지하고 적극적인 태도로 성경공부에 임했습니까?			
성경공부의 분위기	성경공부를 하는 동안 학습자들이 편안한 분위기를 느낄 수 있었습니까?			
기타 보완할 점	기타 보완할 점이나 건의사항이 있습니까?			

성경 읽기표

읽을 범위		월 일 주일	월 일 월요일	월 일 화요일	월 일 수요일	월 일 목요일	월 일 금요일	월 일 토요일
	구약	주일은 설교말씀 묵상	창 1~4장	창 5~8장	창 9~12장	창 13~16장	창 17~20장	창 21~24장
	신약		마 1장	마 2장	마 3장	마 4장	마 5장	마 6장
확인								

2
평신도 제자훈련교재

사역자의 길은
은혜의 선물입니다

배울말씀　에베소서 3장 1-13절

도울말씀　마 9:37, 골 4:7, 살전 3:2, 딤전 4:6, 딤후 2:15

새길말씀　이 복음을 위하여 그의 능력이 역사하시는 대로 내게 주신 하나님의
　　　　　은혜의 선물을 따라 내가 일꾼이 되었노라 (엡 3:7)

이룰 목표

① 그리스도 예수의 일꾼으로 부름을 받은 사역자는 사람의 능력이 아닌 하나님의 은혜에 의한 것임
을 이해할 수 있다.

② 하나님의 은혜로 그리스도 예수의 일꾼 된 사역자는 그리스도의 풍성함을 전하는 일도 은혜임을
깨달을 수 있다.

③ 그리스도 예수의 일꾼으로서 자신에게 주신 은혜에 따라 담대함과 확신을 가지고 주어진 사명을
실천할 수 있다.

교육흐름표

10 min	10 min	20 min	15 min	15 min
O.T.	관심	탐구	관점	실천

교육진행표

구분	오리엔테이션	관심갖기	탐구하기	관점바꾸기	실천하기
제목		하나님의 구인광고	예수 그리스도의 일꾼	어느 집사님의 고백	합심해서 기도해요!
내용	환영 및 개요 설명	의인으로 도전하기	하나님의 경륜알기	신앙생활의 성찰	사역자의 길, 기도로 시작하기
방법	강의	질문하기, 답하기	성경 찾아 답하기	성찰하기, 이야기하기	찬양, 기도
준비물	출석부		성경책		
시간(70분)	10분	10분	20분	15분	15분

'사역자'라는 말은 믿는 자들 가운데 광범위하게 사용되고 있는 말이다. 목회의 전반적인 일들을 수행하는 자를 일컬을 때뿐만 아니라, 평신도이지만 자신의 달란트를 통해 국내외 선교 및 교회 내 봉사와 관련된 일들을 하는 사람을 지칭할 때도 이 말을 사용한다. 이와 같이 사역자의 역할은 목회자로만 한정되지 않는다. 교회사적으로 살펴보면, 초대교회 때에는 성직자와 평신도의 구별이 없었는데, 2~3세기 교부시대부터 둘 사이에 구분이 생기기 시작했다. 서방교회(로마 카톨릭)는 사제직, 교황의 권력, 마리아 숭배 등 성직자 리더십의 위계를 강조하였고, 평신도를 계급에서 제일 아래에 위치시켰다. 콘스탄티누스 대제는 회심(주후312년) 후 제국 전역에 걸쳐 주교를 시민 행정관으로 임명했고, 로마의 지역 분할 방침에 따라 교회를 여러 교구로 조직했으며 줄곧 '성직자'를 특권층으로 활용했다. 이렇게 카톨릭은 성직자 계급을 분리시키며 사제들만이 제사장이라고 주장했다. 결국 신부가 하나님과 평신도 사이의 중보자 역할을 하게 되면서 고해성사와 같은 성경적인 오류가 생겨나기 시작했다. 그런데 루터의 종교개혁 이후부터 교회 안에서 평신도의 지위가 향상되었다. 그것은 루터가 주장한 '만인제사장직'에 근거한다. 즉 모든 신자가 제사장이 되어 하나님께 직접 기도하고 하나님과 만날 수 있다는 것이다. 안수를 받지 않은 이들도 똑같이 하나님의 제사장이며, 그러기에 평신도들은 결코 목회자를 위한 수종자나 보조자들이 아니라 하나님의 백성으로서 목회자와 동등한 신분이라는 것이다. 그러므로 평신도 역시 그 신분에 걸맞게 목회자 못지않은 소명감과 사명감이 있어야 한다.

사역자의 의미를 성서에서 살펴보면, 시편 104편 4절에서 하나님의 위대하심과 존귀하심을 높이며 찬양할 때, '불꽃으로 자기의 사역자를 삼으시며'라는 표현이 나온다. 여기에 나오는 사역자는 그 원어적 의미가 '봉사하다', '수행하다'는 동사(샤라트)에서 파생된 명사로서 '봉사하는 사람', '섬기는 사람', 그리고 '종'의 의미를 가진다. 또 신약성서 로마서 13장 4절에서는 '하나님의 사역자'가, 고린도전서 3장 5절에서는 '너희로 하여금 믿게 한 사역자'라는 표현이 나오는데, 두 군데 모두 '식사 시중을 하다', '섬기다', '돌보다', '돕다'라는 동사(디아코네오)에서 파생된 명사로 '종', '일꾼' 등을 의미한다. 이렇듯 성서에 나타난 사역자의 본래 의미는 철저히 섬기고, 봉사하며, 자신에게 맡겨진 일을 충실히 수행하는 사람임을 알 수 있다. 예수 그리스도의 은혜로 하나님의 부르심에 응답하여 사역자가 되기 위해 이 훈련의 과정 속에 있는 이들은 이러한 의미에서 '나는 사역자다!'라는 굳은 다짐을 해야 한다.

본 과는 하나님의 동역자로 부르심을 받은 사역자로서의 길이 온전히 하나님의 은혜로 받은 선물이라는 것을 알게 하는 데 있다. 이를 위해 본 과정에서 목표로 하는 것은 첫째, 그리스도 예수의 일꾼으로 부름을 받은 사역자는 사람의 능력이나 경험으로 하는 것이 아님을 알게 한다. 둘째, 사역자로 부르심을 받은 자들은 자신에게 주어진 사명인 예수 그리스도를 증거하는 일 역시 은혜로 받은 선물이라는 것을 깨달아야 한다. 셋째, 무엇보다 예수 그리스도의 일꾼들은 자신에게 주어진 사명을 은혜로 여길 뿐만 아니라, 그 은혜에 따라 담대함과 확신을 가지고 그 사명을 수행할 수 있어야 한다.

본 과의 배울말씀에서 바울은 복음으로 인해 갇힌 자가 된다. 본래 바울은 그리스도인을 핍박하는 일에 열심을 다하던 사람이었다. 그런데 예수를 그리스도로 고백하는 자라면 누구나 환대하시는 하나님의 경륜에 따라 바울은 사역자로 부르심을 입고 그 인생이 달라진다. 그렇게 하나님께서 자신을 사역자로 부르신 것에 대해 바울은 자신에게 허락하신 '은혜의 선물'이라고 고백한다. 그렇게 자신에게 임한 은혜를 통해 바울은 이방인들로 하여금 그리스도 예수 안에서 함께 상속자가 되고, 함께 지체가 되고, 함께 약속에 참여하는 자가 되게 하는 것이 자신에게 임한 은혜의 선물이라고 고백한다.

아래 글을 읽고 질문에 답해 봅시다.

"사람은 많은데 인물이 없다."라는 말이 있다. 인구가 많이 늘어났지만, 고학력자도 많지만 훌륭한 인물이 드물다는 뜻이다. 요즘 취직하기 힘들다고 하는데 경영주들은 오히려 구인난에 시달린다고 한다. 이번 지방선거에도 그럴싸한 공약을 내세우는 후보자는 많지만 과연 국민의 마음에 드는 인물이 얼마나 될까.

그러나 한편 이런 생각을 해본다. 우리가 흔히 다른 사람만 보고 비판하거나 실망하는데 그게 올바른 자세인가? 도산 안창호 선생이 이런 말을 했다. "인물이 없다고 탄식하지 말고, 너 자신이 인물이 되려고 노력하라."

하나님은 신실한 신앙으로 공의를 행하는 의인 몇 사람만 있어도 그 시대를 구원하시고 축복해 주신다. 소돔이 멸망한 것은 백성들의 범죄 때문이기도 하지만, 정확히 말하면 의인 열 명이 없어서였다. 아브라함이 소돔의 구원을 위해 기도했을 때, 분명히 하나님은 의인 열 명만 있어도 심판하지 않으시겠다고 약속하셨다(창 18:23~33). 그런데 그 열 명이 없었던 것이다. 예레미야 시대에도 이스라엘이 바벨론에 의해 멸망한 것은 의인 한 사람이 없었기 때문이다(렘 5:1).

하나님은 오늘 이 시대에도 의인을 찾으신다. 하나님께서 구인 광고를 내신 것이다. 남녀노소와 빈부귀천을 막론하고 하나님을 신실하게 섬기며 정직하게 사는 사람, 눈물로 이 시대를 위해 기도하는 사람이 바로 하나님이 찾으시는 그 한 사람이다.

〈2014. 6. 4 국민일보 겨자씨〉

위 글을 읽고 하나님의 마음에 드실 만한 사람은 어떤 사람인지 생각해 봅시다.

각자의 생각을 들어 본다.

중요한 것은 하나님께서 찾으시는 의인과 나 자신이 아무런 상관이 없다고 생각하는 편견을 버리는 것이다. 나도 이 시대 속에서 하나님께서 찾으시는 의인이 될 수 있다는 마음을 가져야 한다. 자신이 서 있는 환경에서 하나님께서 찾으시고 불러주신 것을 감사하며, 말씀에 순종하고 겸손하게 살아가려고 애쓰는 사람이 하나님께서 찾으시는 의인이다.

평신도제자훈련교재
탐구하기   예수 그리스도의 일꾼

에베소서 3장 1-13절을 읽고 다음 질문에 답해 봅시다.

1. 에베소서를 쓰고 있는 바울은 현재 감옥에 갇혀있습니다. 바울은 지금 무엇때문에 감옥에 갇혀있는지 1절을 잘 읽어 보고 이야기해 봅시다.

바울은 복음을 전하다 감옥에 갇혔다. 구체적으로는 1절에서 '그리스도 예수의 일'로 이방인을 위하여 갇힌 바되었다고 밝힌다. 예수님께서 그리스도이시라는 사실을 받아들일 수 없었다. 그러나 바울은 하나님의 은혜의 경륜(경영)을 따라 그 비밀을 깨닫게 되었다(4절).

2. 그리스도인을 박해하는 편에 섰던 바울이 어떻게 예수 그리스도를 위해 갇힌바 될 수 있었을까요? 그리고 하나님의 부르심에 대한 자신의 목적이 무엇이라고 밝히고 있는지 본문 6~9절을 잘 읽고 말해 봅시다.

7절에서 바울은 자신이 박해하는 자에서 순교를 각오할 만한 일꾼으로 변화된 것은 자신에게 주신 하나님의 은혜의 선물이었다는 것을 고백한다. 즉 자신이 하나님의 일을 감당할 수 있는 것은 하나님께서 자신에게 허락하신 은혜의 선물 때문이라는 것이다. 바울은 유대인뿐만 아니라 이방인들도 복음으로 말미암아 그리스도 예수 안에서 함께 상속자가 되고, 함께 지체가 되고, 함께 약속에 참여하는 자가 되게 하는 것이 하나님께서 자신을 부르신 이유라고 말한다.

3. 바울을 통해 보여주신 하나님의 그 은혜의 경륜(2절), 즉 이방인을 향한 하나님의 환대는 사역자로 부르심을 받은 바울에게 큰 힘의 원천이었습니다. 우리도 마찬가지입니다. 우리를 그리스도 예수의 일꾼답게 하는 힘과 능력이 무엇인지 아래 구절들을 잘 읽어보고 말해 봅시다.

구절	말씀	의미
3:2	하나님의 그 은혜의 경륜	(누구나 환대하심)
3:4	그리스도의 비밀	(믿음 안에 상속자)
3:7	은혜의 선물	(일꾼)

하나님의 은혜의 경륜은 예수를 그리스도로 고백하는 자를 누구나 환대(환영)하시는 하나님의 사랑이다. 그리고 그리스도의 비밀은 그 하나님이 곧 예수 그리스도이시며 그로 말미암아 믿음 안에 상속자가 되는 것이다. 또한 바울은 하나님께서 주시는 은혜의 선물로 인해 일꾼이 되었다고 고백한다.

아래의 글을 읽고 주어진 질문에 답해 봅시다.

예전에는 잘 몰랐어요.

그냥 일주일 중에, 주일 하루 교회에 가서 예배 한 번 드리고 오면 그것으로 기독교인으로서 저의 임무는 모두 끝난 거라고 생각했어요. 그렇게 생활했어도 아무런 문제가 없었어요.

그러다가 우연히 청소년부에 다니는 우리 아이들의 성경공부 교재에서 이런 이야기를 읽게 되었어요. 네팔에 의료 선교사로 계신 부부의 이야기였는데, 그 부부는 25살에 의사 부부로 만나 이런 인생의 계획표를 세우셨다고 하더라고요. "지난 25년은 나를 위해 살았고, 앞으로 25년은 가족을 위해 살고, 나머지 인생은 남을 도우며 하나님을 위해 살겠습니다." 그 계획대로 그 부부는 한국에서 개업 외과의사와 가정의학과 의사로 일하다가 50세가 되던 해에 네팔로 의료 선교를 떠나셨더라구요.

그 이야기를 읽는 순간 '나는 어떤가?' 하는 생각이 들었어요. 저도 모태신앙이고, 오랫동안 직분을 가지고 있었고, 남들에게 당당하게 기독교인이라고 이야기는 해 왔지만 내 삶이 과연 믿지 않는 이들과 어떤 차이가 있을까 하는 생각 말이지요.

그분들처럼 먼 곳에서 헌신적인 삶을 살지는 못하더라도, 나에게도 하나님께서 부르신 소명이 있고 이곳에서 그분을 위해 할 수 있는 일이 있지 않을까 하는 생각이 들었던 거지요. 그 후, 우리 부부는 진지하게 이야기를 나누었습니다. 저는 청년 시절에 교회학교 교사로 섬겼던 기억이 났어요. 그때만 해도 평생 교사를 하겠다고 다짐했었는데…. 그래서 그 다음 주에 곧장 교육전도사님을 찾아가서 제가 교사를 할 수 있는지 물어보았습니다. 정말 고마워 하시더라구요. 오히려 나를 위한 일인데. 주님께서 맡겨 주신 일인데…. 앞으로 열심히 교사로 섬길 생각입니다.

제 집사람도 무엇인가 교회를 위해 해야 할 일들을 찾아야겠다고 하더라고요. 그냥 교회가 아니라 우리 교회, 하나님의 교회라는 생각이 들었다나요? 그랬습니다. 교회는 그냥 지나쳐가는 곳이 아니라 나의 삶의 터전이고, 내 영적인 집이었습니다. 저는 우리 교회의 뜨내기가 아니라 주인이었습니다. 그걸 오랫동안 잊고 지냈습니다.

1. 집사님의 고백을 읽고 서로의 생각을 나누어 봅시다.

각자의 생각을 들어 본다.

많은 평신도들이 자신의 신분과 특권을 잘 모른 채 지내고 있다. 이러한 평신도들의 정체성 이해 부족이 교회에서 평신도들을 소극적인 군중으로 만들고, 궁극적으로 교회가 교회다운 모습, 세상으로 보냄 받은 사명을 다하는 데 걸림돌이 되고 있다. 존 스토트 목사는 "평신도가 효율적이고 능동적이고 건설적인 교회의 일원이 되어 주기를 기대하는 바른 이유는 하나님이 그렇게 되기를 원하시기 때문이다."라고 이야기했다. 모든 평신도들이 사역자가 되어야 하는 까닭은 단순히 교회의 일손이 부족해서가 아니라 그것이 하나님의 뜻이기 때문이다.

2. 우리는 평소 하나님의 은혜의 선물을 받아 누리며 살면서도 무감각하게 살아 갈 때가 있습니다. 위 이야기의 집사님에게 있어서 하나님의 은혜의 선물은 무엇일까요? 그리고 우리 자신에게 임한 하나님의 은혜의 선물을 헤아려보고 함께 이야기해 봅시다.

집사님에게 있어서 하나님의 은혜의 선물은 그가 이 땅에 태어나기도 전에 부모님께서 신앙인이었다는 것, 그리고 교회 안에서 성장하여 때가 이르러 직분을 받았다는 것 등일 것이다. 그러나 집사님은 그에 대해 무감각했다. 이와 같이 우리도 우리가 믿음 안에서 하나님의 부르심을 받았다는 사실, 그 부르심 안에서 나에게 맡겨진 사역이 있다는 사실 등 하나님께서 허락하신 은혜의 선물을 받았다. 인도자는 학습자들이 하나하나 생각할 수 있도록 유도하고 그에 감사하며 지금부터라도 잘 훈련받아 사역자로서의 사명을 감당할 수 있도록 격려한다.

평신도 제자 훈련 교재
실천하기   합심해서 기도해요!

1. 우리가 그리스도 예수의 일꾼으로 부르심을 받은 것은 우리의 능력 때문이 아닙니다. 아래 찬양을 부르며 하나님의 은혜에 감사합시다.

2. 그리스도 예수의 일꾼으로 부르심을 받은 우리가 그 사명을 잘 감당할 수 있도록 다음과 같은 기도 제목을 가지고 함께 기도합시다.

> * 나의 믿음 생활을 반성하고 회개합니다.
> * 사역자로 나를 불러주심에 감사합니다.
> * 사역자의 훈련과정을 잘 감당하게 하소서.
> * 사역자의 훈련을 잘 마치고 주신 사명을 담대함으로 감당하게 하소서.

새길말씀 외우기

이 복음을 위하여 그의 능력이 역사하시는 대로 내게 주신 하나님의 은혜의 선물을 따라 내가 일꾼이 되었노라 (엡 3:7)

다함께 드리는 기도

1. 오늘 배운 말씀과 내용을 생각하며 다함께 기도하는 시간을 갖도록 합시다.
2. 오늘 참석한 구성원들을 위해서 이름을 불러 가며 중보의 기도를 합시다.
3. 오늘 참석하지 못한 구성원이 있으면 그 사람을 위해 더욱 뜨거운 마음으로 기도합시다.
4. 한 주간의 삶을 통해서 오늘 배우고 익힌 내용들을 삶으로 살아갈 수 있도록 기도합시다.
5. 하나님의 은혜 가운데서 한 주를 살고, 다음 모임 시간에 모두가 모일 수 있도록 기도합시다.

*사역자로서 이 과를 마치고 난 느낌이나 소감, 다짐 등을 간단하게 말해 봅시다.

다음 모임을 위하여

1. 다음 주에 읽어야 할 성경말씀을 읽고 확인합시다.
2. 3과의 배울말씀인 고린도전서 9장 24-27절을 읽고 묵상합시다.

평가하기

평가항목	세부사항	그렇다	그저 그렇다	아니다
인도자의 준비도	인도자는 본 과의 교육목적을 이룰 수 있도록 충분하게 준비했습니까?			
교육목표의 성취도	1. 학습자들은 자신의 잘못된 선입견과 고정관념을 버리고 순수한 마음으로 주님을 만날 준비가 되었습니까? 2. 학습자들이 예수에 대하여 지식적으로 아는 (know) 단계에서 체험적으로 아는(see) 단계로 발전하고자 결단하게 되었습니까?			
학습자의 참여도	학습자들이 진지하고 적극적인 태도로 성경공부에 임했습니까?			
성경공부의 분위기	성경공부를 하는 동안 학습자들이 편안한 분위기를 느낄 수 있었습니까?			
기타 보완할 점	기타 보완할 점이나 건의사항이 있습니까?			

성경 읽기표

읽을 범위		월 일 주일	월 일 월요일	월 일 화요일	월 일 수요일	월 일 목요일	월 일 금요일	월 일 토요일
	구약	주일은 설교말씀 묵상	창 25~28장	창 29~32장	창 33~36장	창 37~40장	창 41~44장	창 45~50장
	신약		마 7장	마 8장	마 9장	마 10장	마 11장	마 12장
확인								

3
평신도 제자훈련교재

사역자는
훈련을 통해 세워집니다

배울말씀 고린도전서 9장 24–27절

도울말씀 사 11:5, 마 8:21–22; 10:5–15; 25:31, 막 6:7–13, 눅 9:61–62, 롬 5:4, 고전 4:20, 갈 6:9, 엡 6:13–17, 딤후 2:4; 3:16, 히 3:7; 9:8; 10:15, 벧전 1:11, 벧후 1:21

새길말씀 운동장에서 달음질하는 자들이 다 달릴지라도 오직 상을 받는 사람은 한 사람인 줄을 너희가 알지 못하느냐 너희도 상을 받도록 이와 같이 달음질하라 (고전 9:24)

이룰 목표

① 사역자가 될 사람에게 훈련이 필요한 이유를 이해한다.

② 훈련 받는 사람이 가져야 할 태도를 파악한다.

③ 바람직한 태도를 가지고 훈련에 참여할 것을 결단한다.

교육흐름표

10 min	5 min	20 min	20 min	15 min
O.T.	관심	탐구	관점	실천

교육진행표

구분	오리엔테이션	관심갖기	탐구하기	관점바꾸기	실천하기
제목		나는야 자랑스런 국가대표	승리를 위한 맹훈련	훈련에 임하는 자세	야심찬 훈련계획
내용	환영 및 개요 설명	자격 갖추기	목표를 이루는 삶	훈련의 내용	훈련하기
방법	강의	질문하기, 답하기	성경 찾아 답하기	성찰하기, 이야기하기	성찰하기, 결단하기
준비물	출석부		성경책		노트, 펜
시간(70분)	10분	5분	20분	20분	15분

사역자는 예수님을 따르는 제자의 삶을 산다. 그런데 제자의 삶은 짧은 시간에 완성되는 것이 아니다. 능력 있는 사역자가 되려면 장기간의 훈련을 통해서 다듬어져야 한다. 사역자가 되려는 사람이 받아야 하는 훈련의 종류는 다양하다. 말씀 훈련, 언어 훈련, 기도 훈련, 관계 훈련, 전도 훈련 등의 여러 가지 훈련을 받아야 한다. 이러한 훈련 과정은 많은 인내가 요구되는 것들이다. 훈련은 정보를 머리에 쌓는 것이 아니다. 훈련은 바람직한 행동이 습관이 되고 그 습관이 체질화되어 실제적인 사역 능력을 갖추는 것이다. 만일 하나님 나라를 위해 효과적으로 사역을 하고 싶다면, 반드시 열심히 훈련을 받아야 한다.

오늘의 배울 말씀인 고린도전서 9장 24-27절에서 바울은 예수님이 따르는 자들이 가져야 할 자세를 운동선수와 경기에 빗대어 가르쳤다. 우리는 바울의 가르침을 통하여 사역자가 훈련을 받을 때 기억해야 할 중요한 점들을 배울 수 있다.

바울 당시의 고린도시는 상업이 매우 발달한 부유한 지역이었다. 고린도시는 약 20,000명을 수용할 수 있는 야외 경기장을 가지고 있었다. 그리스의 도시국가들이 2년에 한 번씩 모여 이곳에서 운동 경기를 벌였다. 바울은 여기에서 가르침의 소재를 이끌어냈다.

본문에서 바울은 경기장에서 많은 선수들이 뛰지만 월계관을 상으로 받는 선수는 단 한 명뿐이라는 점을 기억시킨다. 이것을 통하여 알 수 있는 점은 하나님의 일을 위해 훈련 받은 사람들이 다 똑같은 상을 받는 것은 아니라는 것이다. 그렇다면 우리는 상을 얻기 위해서 어떤 점들을 기억해야 하는가? 첫째, 훈련 받는 사람은 모든 면에서 절제하는 삶을 살아야 한다. 둘째, 훈련 받는 사람은 분명한 목표를 가지고 훈련에 임해야 한다. 셋째, 훈련 받는 사람은 늘 근신하는 마음으로 자신을 쳐서 굴복시켜야 한다. 이것은 다른 사람에게 복음을 전하고도 정작 자신이 복음이 요구하는 자격 기준에 미달되는 일이 생기지 않도록 하기 위한 것이다.

사역자가 되려는 사람들이 훈련을 받아야 하는 이유는 무엇인가? 그 이유는 하나님의 나라가 말에 있지 않고 능력에 있기 때문이다(고전 4:20). 이러한 능력을 소유하기 위해서 우리는 하나님의 전신갑주를 입어야 한다(엡 6:10-17). 우리는 예수님의 제자들도 오랜 기간 동안 훈련 받았다는 것을 알고 있다(마 10:5-15). 훈련을 잘 받으려면 우선 순위가 분명해야 한다. 우리들의 일상은 정말 분주하다. 이상하게도 교회에서 훈련을 받으려고 하면 다급한 사건들이 보통 때보다 더 많이 생기는 것을 경험하게 된다(예를 들어, 전도 훈련을 받으려고 마음먹으면 아이가 감기에 걸린다). 하지만 당신이 정말 사역자다운 사역자로 준비되기를 원한다면 훈련에 우선 순위를 부여해야 한다(마 8:21-22, 딤후 2:4, 눅 9:61-62). 앞서 언급한 것처럼 훈련의 기간은 대체로 길다. 그렇기 때문에 우리들은 인내해야 한다. 그래야 모든 훈련 과정을 무사히 마칠 수가 있다(롬 5:4, 갈 6:9).

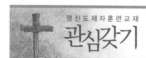

평신도 제자 훈련 교재
관심갖기　　　　　나는야 자랑스런 국가대표~♪

1. 우리나라는 스포츠 강국으로 부상하고 있습니다. 해마다 국제적인 경기에서 좋은 성적을 거두고 있습니다. 그런데 어떤 경기 종목에 관심이 있다고 해서 아무나 대회에 출전할 수 있는 것은 아닙니다. 우리나라를 대표해서 국제대회에 참가하는 선수는 까다로운 선발절차와 혹독한 훈련의 과정을 거칩니다. 만약 국가대표로 국제대회에 참가하는 선수가 훈련을 받지 않는다면 어떤 일이 생길까요?

예를 들면 다음과 같은 답을 생각할 수 있다. "막상 대회에 나가면 왜 내가 제대로 훈련을 하지 못했는가 하며 후회할 것 같아요.", "내가 있어야 할 곳이 아니구나.",

"나 혼자만의 망신이 아니라, 우리나라의 망신이다." 등. 사역자는 그리스도의 군사이다. 군사는 훈련을 통해 준비된다. 이 질문은 학습자들로 하여금 훈련의 중요성에 대해 생각하도록 하기 위한 것이다.

2. 국가대표로 선발된 선수가 국제대회에 참가하기 위해서 훈련하는 기간 동안 힘든 훈련을 견디기 위해서 어떤 생각과 태도를 가져야 할까요?

예를 들면 다음과 같은 답을 생각할 수 있다. "훈련을 받을 때는 정신을 집중해야 합니다. 안 그러면 사고가 나죠.", "훈련에 집중해야 하기 때문에 훈련 외에 잡다한 걱정을 지나치게 하지 말아야 합니다.", "코치와 감독의 지시에 잘 따라야 합니다.", "팀으로 참가한 경우라면 동료들과 좋은 관계를 유지해야 합니다.", "단체의 질서와 규칙을 지켜야 합니다.", "나는 조국을 대표하는 선수라는 사명감을 가져야 합니다." 이러한 훈련은 사역자들이 받아야 하는 훈련과 유사점이 많다. 이 질문은 학습자들로 하여금 사역을 위한 훈련을 받는 사람들이 가져야 할 태도를 생각하도록 돕는 데 목적이 있다.

평신도 제자 훈련 교재
탐구하기   승리를 위한 맹훈련

배울말씀인 고린도전서 9장 24-27절을 읽고 다음 물음에 답해 봅시다.

1. 하나님의 일꾼들은 무엇을 위해서 달음질해야 합니까? (24절)

상을 얻기 위하여 달려야 한다.

바울은 본 절에서 하나님의 일꾼들이 절제하며 노력해야 한다는 것을 운동 경기에 빗대어 설명하였다. 당시 고린도 지역에서는 2년마다 '이스미안 경기(Isthmian games)'가 열렸다. 이것은 그리스 4대 경기 중 하나였다. 여기에서 우리는 '오직 상을 받는 사람은 한 사람'이라는 표현을 자칫 오해할 수 있다. 이 말은 신앙인들도 운동 경기처럼 오직 한 사람만 상을 받게 된다는 뜻은 아니다. 바울이 말하고자 한 것은 운동선수가 월계관을 얻기 위해 전력 질주하는 것처럼, 하나님의 일꾼들도 분명한 목표를 향해 노력해야 한다는 것이다. 이것은 사역자가 되기 위해 훈련 받는 사람에게 그대로 적용된다. 훈련의 과정이 하나님을 향한 헌신이라고 생각할 때 우리는 하나님께서 기뻐하시는 훈련 받는 자가 되기 위해 노력해야 한다.

2. 승리를 원하는 사람이 가져야 할 덕목은 무엇입니까? (25절 앞부분)

절제

사역자가 훈련을 받을 때 가져야 할 덕목 중 하나로 '절제'가 있다. 원어 성경에서 사용된 '절제'라는 말은 고대 그리스의 운동선수들이 사용했던 전문 용어이다. 그들은 시합을 준비하기 위해 통상 10개월 가량의 고된 훈련을 받았으며 음식, 오락, 수면 등 모든 일에 있어서 자신을 절제하여야 했다. 이처럼 하나님 나라를 위해 훈련을 받는 것에서 승리하기 원한다면 우리도 절제하는 태도를 가져야 할 것이다.

3. 운동선수와 하나님의 일꾼의 목표는 어떻게 다릅니까? 적절한 문장으로 주어진 빈칸을 채워 봅시다. (25절 뒷부분)

| 썩을 승리자의 관을 얻으려고 | 운동선수 | 하나님의 일꾼 | |

썩지 아니할 것을 얻으려고

고린도 지역에서 개최되었던 이스미안 경기에서는 승자에게 월계수나 솔잎, 또는 어린 파슬리 잎을 엮어 만든 화환을 머리에 씌워 주었다. 이 면류관은 금방 시드는 것이었다. 이는 운동선수들이 받은 우승의 영예가 덧없는 것임을 의미한다. 반면, 하나님의 일꾼들은 영원한 영광의 면류관을 추구한다.

4. 26절에서 바울이 강조하고자 한 점은 무엇이라고 생각합니까?

분명한 목표 의식을 가져야 한다.

하나님의 일꾼들은 훈련을 받을 때 분명한 목표 의식을 가져야 한다. 육상 선수는 목표 지점을 분명히 알고 달려야 한다. 권투 선수도 상대방이 누구이고 어디에 있는지를 알고 주먹을 휘둘러야 한다. 이처럼 하나님의 일꾼들도 분명한 목표와 영적 전투의 대상을 파악하고 훈련에 임해야 한다.

5. 27절에 언급된 '내 몸을 쳐 복종하게 함'이라는 구절의 의미는 무엇일까요? 왜 신앙인은 내 몸을 쳐 복종시켜야 할까요? (27절)

절제와 인내를 통하여 나 스스로를 다스린다.
우리가 신앙인으로서 최선을 다해서 경주하는 것은 다른 사람에게 보여 주거나 다른 사람들을 위한 것이 아닌 나 자신의 신앙과 삶이 달린 문제이기 때문이다.

사역자들이 훈련을 받는 과정에서 싸워 이겨야 할 진정한 상대는 누구인가? 그것은 바로 자기 자신이다. 우리는 세속적이며 육체적인 욕구를 제어하여 그리스도를 섬겨야 한다. '복종'은 전쟁에서 승자가 패자를 종으로 끌고 오는 것을 의미한다. 사역자가 자신의 죄된 본성과 게으름을 굴복시키지 않는다면 하나님의 일을 하고도 상을 받지 못하게 된다.

1. 주어진 성경말씀을 참고로 하여 다음 문장의 빈칸을 채워 봅시다.

> 하나님의 나라는 (말)에 있지 않고 오직 (능력)에 있습니다.
> 그래서 하나님의 일꾼이 되려는 사람들은 훈련 받아야 합니다. (고전 4:20)

사역자는 하나님의 나라를 위해 일하는 사람이다. 그런데 사역에 대해서 말을 하기는 쉬워도 실무 능력을 가지고 일을 해내는 것은 어렵다(때로는 일하는 사람보다 일하지 않는 사람이 더 말을 많이 해서 시험거리가 된다). 하나님의 나라가 말에 있지 않고 능력에 있기 때문에 하나님의 일을 하려는 사람들은 훈련을 받아야 한다. 당시 고린도 교인들은 영적 교만에 빠져서 말만 무성하고 열매 없는 신앙생활을 하고 있었다. 이에 대해서 바울은 하나님의 나라가 말에 의한 것이 아니라 능력에 의한 것이라고 함으로써 성도들의 삶과 사역이 변화되어야 한다고 가르쳤다.

2. 하나님 나라의 좋은 사역자가 되기 위해서는 하나님께서 허락하시는 전신 갑주를 입기 위한 훈련을 받아야 합니다. 에베소서 6장 13~17절에 하나님의 전신갑주가 나와 있습니다. 아래의 그림을 통해 확인해 봅시다.

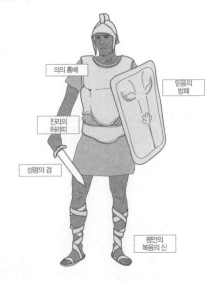

의의 흉배

믿음의 방패

진리의 허리띠

성령의 검

평안의 복음의 신

각 전신갑주에는 어떤 의미가 있을까요? 서로 관계가 있다고 여겨지는 것들을 줄로 이어 봅시다.

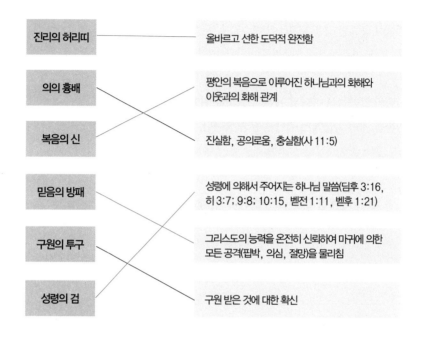

3. 예수님의 제자들은 여러 가지 훈련을 받았습니다. 마가복음 6장 7-13절에는 어떤 훈련의 내용이 담겨 있습니까?

전도 훈련, 복음 전파 훈련

예수님께서는 공생애 기간 동안 여러 가지 내용과 방법으로 제자들을 훈련시키셨다. 그 중 본문은 제자들이 받은 전도 훈련에 대해 증언한다. 예수님은 열두 제자를 불러 두 사람씩 보내시면서 귀신을 쫓는 권세를 주셨다. 그리고는 여러 당부를 하셨다. ① 전도를 다닐 때에는 지팡이 외에 아무것도 가지고 다니지 말라. ② 신만 신고 옷도 두 벌씩 갖지 말라. ③ 어느 집에 들어가든지 그 마을을 떠날 때까지는 거기 머물라. ④ 너희들이나 너희가 전한 말씀에 귀를 기울이지 않는 사람들의 집을 나올 때에는 신발에 묻은 먼지를 터는 행위로 증거를 삼아라. 이 가르침에는 하나님을 전적으로 의지하면 하나님께서 결과를 책임지신다는 뜻이 담겨있다. 여기에서 중요한 점은 제자들이 예수님께 훈련을 받은 것처럼 하나님의 일꾼이 될 우리들도 훈련을 받음으로써 준비되어야 한다는 점이다.

4. 아래의 말씀들은 하나님 나라의 일꾼을 위한 말씀입니다. 이 말씀들은 훈련에 임하는 예비 일꾼에게 귀한 통찰을 줍니다. 훈련이라는 관점에서 생각할 때 이 말씀들이 공통적으로 강조하고자 하는 내용은 무엇이라고 생각합니까?

> 또 제자 가운데 한 사람이 말하였다. "주님, 내가 먼저 가서, 아버지의 장례를 치르도록 허락하여 주십시오." 예수께서 그에게 말씀하셨다. "너는 나를 따라오너라. 죽은 사람의 장례는 죽은 사람들이 치르게 두어라."
>
> 『새번역 성경』 마 8:21-22

> 누구든지 군에 복무를 하는 사람은 자기를 군사로 모집한 상관을 기쁘게 해 주어야 합니다. 그러므로 그는 살림살이에 얽매여서는 안 됩니다.
>
> 『새번역 성경』 딤후 2:4

> 또 다른 사람이 말하였다. "주님, 내가 주님을 따라가겠습니다. 그러나 먼저 집안 식구들에게 작별 인사를 하게 해주십시오." 예수께서는 그에게 말씀하셨다. "누구든지 손에 쟁기를 잡고 뒤를 돌아다보는 사람은 하나님 나라에 합당하지 않다."
>
> 『새번역 성경』 눅 9:61-62

훈련(하나님의 일)에 우선 순위를 두어야 한다.

옛말에 정신을 하나로 모으면 못할 일이 하나도 없다는 말이 있다(정신일도하사불성, 精神一到何事不成). 이 말은 하나님 나라를 위해 훈련 받는 사람들에게도 적용되는 말이다. 훈련을 받을 때 실패하게 되는 첫 번째 이유는 훈련에 우선 순위를 두지 않았기 때문이다. "10분쯤은 늦어도 되겠지?", "오늘 딱 한 번만 빠지는 거야." 게다가 우리들이 훈련을 받을 때 갖가지의 예상치 못한 다급한 일들과 분주한 일들이 생기곤 한다. 제대로 훈련 받으려면 이러한 태도에서 벗어나야 한다. 시간적이거나 물질적인 손해가 생기더라도 훈련 받는 것을 가장 중요한 일로 여길 때 훈련의 전 과정을 통과할 수 있게 된다.

5. 사역자가 훈련을 받을 때 가져야 하는 덕목 중에서 절제 이외의 다른 중요한 덕목은 무엇입니까? (롬 5:4)

인내

'속도'가 중요한 요건인 시대가 되었다. 사람들은 빠른 것을 원한다. 인터넷 속도가 조금만 느려도, 홈쇼핑에 주문한 물건이 하루만 늦게 배달이 되어도 분노(?)가 일어난다. 그러나 훈련에 임할 때에는 '속도'에 대해서 초연할 필요가 있다. 우리들이 쓸모 있는 인격을 갖춰 가는 과정과 하나님의 일을 하기 위한 기술을 배우는 과정에는 시간이 필요하기 때문이다. 그러므로 기간이 좀 길어진다고 해도 낙심하지 말아야 한다. 그 이유는 인내는 연단을, 연단은 소망을 이루기 때문이며, 우리가 피곤하지 않기만 하면 때가 이르러서 열매를 거두게 되기 때문이다(갈 6:9).

> **함께 읽어봅시다** **짐 포펜의 훈련**
>
> 짐 포펜은 성적이 뛰어난 학생이 아니었다. 지능도 별로 높지 못했다. 그러나 자신을 훈련시키는 방법을 알고 있었다. 어느 날, 포펜의 아버지가 달가닥거리는 소리에 잠이 깼다. 그는 소리가 나는 부엌에서 뜻밖의 모습을 보았다. 바로 포펜이

열심히 의자 다리에 매듭을 묶었다 풀었다 하는 것이었다. 그는 화가 나서 아들에게 "이 캄캄한 밤중에 부엌에서 무엇을 하고 있느냐?" 하고 물었다. 포펜은 "아버지, 밤중에 소란을 피워 죄송해요. 하지만 전 지금 제 손가락을 훈련시키고 있는 중이랍니다. 아무것도 볼 수 없는 깜깜한 밤중에도 빠르고 정확하게 매듭을 맬 수 있으면 훌륭한 외과 의사가 될 수 있을 것 같아서요."라고 말했다. 그 후에 포펜은 세계에서 제일가는 뇌수술 전문가가 되었다. 그리고 마침내 콜롬비아의 오지 마을을 찾아다니며 수술을 해주는 의료선교사가 됐다. 포펜이 자신에게는 재능이 없다며 자신을 낮추거나 훈련하지 않았다면 어떻게 됐을까. 짧은 시간에도 그는 자신을 통한 하나님의 꿈을 향해 노력했다. 꿈은 꾸는 자의 것이 아니라 그 꿈을 향해 훈련해 가는 자의 것이다. 꿈은 꿈을 이루기 위해 대가를 지불한 자에게 미소 짓는다.   (2012. 12. 3. 국민일보 겨자씨에서)

평신도 제자 훈련 교재
실천하기   야심찬 훈련 계획

1. 하나님의 일꾼이 되려면 훈련을 받아야 합니다. 나에게 필요한 훈련이 무엇이라고 생각합니까?

  각자의 생각을 나누도록 한다.
  예를 들면 기도 훈련, 인간관계 훈련, 기독교 상담 훈련, 호스피스가 되기 위한 훈련, 전도 훈련, 찬양 사역 훈련, 영적 전투에 관한 훈련, 큐티 훈련 등

  훈련의 종류는 다양하다. 기도 훈련이나 관계 훈련처럼 모두에게 공통적으로 주어지는 훈련이 있다. 반면 찬양사역자 훈련이나 구역인도자 훈련과 같이 앞으로 맡게 될 사역에 따라 달라지는 훈련도 있다. 이 활동은 앞으로 자신이 받게 될 훈련을 예상하게 함으로써 훈련에 대한 관심을 갖도록 하기 위한 것이다.

2. 오늘 우리는 하나님의 일꾼이 되려는 사람이 어떤 자세로 훈련에 임해야 되는 지를 배웠습니다. 그 내용을 바탕으로 하여, 앞으로 있게 될 훈련에 어떤 자세로 임할 것인지 자기 다짐을 다섯 가지 정도 써서 '훈련에 임하는 나의 다짐 5계명'을 완성해 봅시다.

훈련에 임하는 나의 다짐 5계명

1. _____

2. _____

3. _____

4. _____

5. _____

예) 1. 나는 늘 10분 전에 훈련 장소에 도착할 것이다.

　　2. 나는 훈련을 받기 시작하면 반드시 수료증을 받기까지 완수할 것이다.

　　3. 나는 가르치는 자(인도자)의 말에 순종할 것이다.

　　4. 나는 함께 훈련 받는 사람들을 위해 중보 기도를 하겠다.

　　5. 나는 훈련 받는 것을 가족들이 흔쾌히 찬성하도록 평소에 가정생활을 잘하 겠다.

본 과의 목표 중 하나는 학습자들로 하여금 앞으로 훈련에 임하게 될 때 가져야 할 올바른 태도를 갖도록 돕는 것이다. 이 활동에서 답으로 쓰게 될 다짐의 내용들은 오늘 배운 내용 이외의 것들도 된다. 인도자는 답의 내용들이 형식적이지 않고 실제로 실천할 수 있는 것이 되어야 함을 강조해야 한다. 작성한 후에 5계명을 서로 발표해 보도록 하자.

새길말씀 외우기

운동장에서 달음질하는 자들이 다 달릴지라도 오직 상을 받는 사람은 한 사람인 줄을 너희가 알지 못하느냐 너희도 상을 받도록 이와 같이 달음질하라 (고전 9:24)

다함께 드리는 기도

1. 오늘 배운 말씀과 내용을 생각하며 다함께 기도하는 시간을 갖도록 합시다.
2. 오늘 참석한 구성원들을 위해서 이름을 불러 가며 중보의 기도를 합시다.
3. 오늘 참석하지 못한 구성원이 있으면 그 사람을 위해 더욱 뜨거운 마음으로 기도합시다.
4. 한 주간의 삶을 통해서 오늘 배우고 익힌 내용들을 삶으로 살아갈 수 있도록 기도합시다.
5. 하나님의 은혜 가운데서 한 주를 살고, 다음 모임 시간에 모두가 모일 수 있도록 기도합시다.

＊사역자로서 이 과를 마치고 난 느낌이나 소감, 다짐 등을 간단하게 말해 봅시다.

다음 모임을 위하여

1. 다음 주에 읽어야 할 성경말씀을 읽고 확인합시다.
2. 4과의 배울말씀인 요한복음 15장 16-27절, 20장 21절을 읽고 묵상합시다.

평신도제자훈련교재
평가하기

평가항목	세부사항	그렇다	그저 그렇다	아니다
인도자의 준비도	인도자는 본 과의 교육목적을 이룰 수 있도록 충분하게 준비했습니까?			
교육목표의 성취도	1. 학습자들은 자신의 잘못된 선입견과 고정관념을 버리고 순수한 마음으로 주님을 만날 준비가 되었습니까? 2. 학습자들이 예수에 대하여 지식적으로 아는(know) 단계에서 체험적으로 아는(see) 단계로 발전하고자 결단하게 되었습니까?			
학습자의 참여도	학습자들이 진지하고 적극적인 태도로 성경공부에 임했습니까?			
성경공부의 분위기	성경공부를 하는 동안 학습자들이 편안한 분위기를 느낄 수 있었습니까?			
기타 보완할 점	기타 보완할 점이나 건의사항이 있었습니까?			

성경 읽기표

읽을 범위		월 일 주일	월 일 월요일	월 일 화요일	월 일 수요일	월 일 목요일	월 일 금요일	월 일 토요일
	구약	주일은 설교말씀 묵상	출 1~4장	출 5~8장	출 9~12장	출 13~16장	출 17~20장	출 21~24장
	신약		마 13장	마 14장	마 15장	마 16장	마 17장	마 18장
확인								

4

사역자는
보냄을 받은 자입니다

배울말씀   요한복음 15장 16-27절, 요한복음 20장 21절

도울말씀   마 28:19-20, 행 1:8, 벧전 2:5; 9,10, 요 1:10; 4:34, 요일 2:15-16,
             행 1:8; 4:17-20, 딤전 2:4

새길말씀   예수께서 또 이르시되 너희에게 평강이 있을지어다 아버지께서 나를 보내신 것
             같이 나도 너희를 보내노라 (요 20:21)

이룰 목표

① 평신도는 왕 같은 제사장으로 부르심을 받은 자로, 또한 세상으로 보냄 받은 신분임을 이해할 수
    있다.

② 세상으로 보냄 받은 평신도 사역자의 '세상에서의 사명'이 무엇인지를 깨달을 수 있다.

③ 세상으로 보냄 받은 평신도 사역자로서 자신의 사명을 확인하고 자신에게 필요한 훈련에 참가할
    것을 결단할 수 있다.

교육흐름표

O.T.	관심	탐구	관점	실천
10 min	10 min	20 min	20 min	10 min

교육진행표

구분	오리엔테이션	관심갖기	탐구하기	관점바꾸기	실천하기
제목		내가 생각하는 은사	교회를 위한 선물 - 은사	세상에서 그리스도인으로 살기	사역자 사명 선언문
내용	환영 및 개요 설명	사역자에 대한 자신의 생각 나누기	택함 받은 사역자	타인을 위한 사역자의 삶	나에게 어울리는 사역
방법	강의	이야기하기	성경 찾아 답하기	성찰하기, 이야기하기	찾아보기, 써보기
준비물	출석부		성경책		선언문, 펜
시간(70분)	10분	10분	20분	20분	10분

말씀과 주제이해

복음서에서 중요한 주제 가운데 하나는 아버지께서 아들을 보내셨다는 것이다. 요한복음도 그리스도가 하나님 아버지로부터 보내심을 받았다는 것을 중요한 주제로 다루고 있다(3:34, 5:36, 5:38, 6:57, 7:29, 8:42, 11:42, 17:3,8 등). 예수님께서는 자신이 하나님으로부터 사명을 받았음을 깊이 인식하셨고 십자가의 수난을 당하시고 부활하심으로 그 사명을 완성하셨다. 그런데 요한복음 20장 21절을 보면 아버지가 아들을 보내심이, 아들이 제자들을 보내심으로 발전하고 있음을 볼 수 있다.

평신도들이 교회와 세상에서 사역자로 살아야 할 분명한 소명을 갖지 못한다면, 사역의 과정에 기쁨으로 동참하기 어려울 것이다. 오히려 신앙생활에 있어서 여러 어려움과 부작용들을 초래할 수 있다. 그러므로 평신도들도 말씀을 통해 성직자들과 동일하게 세상에 보냄을 받은 소명자임을 확신할 필요가 있다. 본 과는 평신도들이 자신이 세상으로부터 불러냄을 받았을 뿐만 아니라 하나님의 뜻에 의해 세상으로 다시 보냄을 받은 소명자임을 분명히 깨닫고 평신도 사역자의 삶을 살아가도록 돕는다.

하나님의 교회는 모이는 교회이며 동시에 흩어지는 교회이다. 오늘날 교회의 위기는 모이지 않아서 생긴 위기보다는 흩어지지 않아서 생기는 경우가 많이 있다. 또 흩어지기는 하는데 제대로 흩어지지 않아서 생기는 위기가 크다. 하나님의 교회는 모이기만 하면 안 되는 독특한 성격을 가지고 있다.

사도행전 8장 1-8절에 나타난 예루살렘 교회도 흩어지지 않기 때문에 하나님께서 박해라는 방법을 통해 여러 지역으로 흩으셨다. 그리고 그 흩어진 사람들이 각처에서 복음의 말씀을 전함으로 표적이 나타나고 귀신들이 떠나가고 병든 자들이 치료되는 역사가 나타나, 그들이 살고 있는 성에 큰 기쁨이 있었다고 증거하고 있다.

그렇다면 흩어지는 교회란 구체적으로 무엇을 의미하는가? 흩어진다는 것의 참 의미는 단순히 집합적으로 모였다가 흩어지는 것에 있는 것이 아니라,

흩어져서 어떻게 행하고 살아가느냐에 달려 있다. 흩어지는 교회라는 것은 신앙과 삶이 교회라고 하는 울타리 안에만 국한되는 것이 아니라, 성도가 살고 있는 영역에서 성도다운 아름다운 모습을 갖추고 살아가는 것을 의미한다. 곧 가정, 교회, 직장, 사회 등 삶의 현장에서 하나님을 믿고 살아가는 참된 성도의 모습을 보여 주는 것이다. 하나님을 믿기 때문에 정직해야 하고, 기독교인이라는 이름 때문에 성실하게 책임이 있는 존재로 살아가는 것이다.

평신도 제 자 훈 련 교 재
관심갖기   내가 생각하는 은사

다음 사람들의 이야기를 읽고 주어진 질문에 답해 봅시다.

ㅍ 교회 박장로님

저는 우리 교회 문화학교의 책임 사역자입니다. 하나님께서 저를 평생 고등학교 교사로 섬기게 하신 이유를 최근에 다시 깨닫고 있답니다. 문화학교를 통해 복음을 전하고 싶습니다.

ㅅ 교회 안권사님

저는 남편과 함께 아시아 지역에 의료 선교사로 나가게 되었습니다. 주님께서 의학공부를 시켜 주셨으니 남편과 함께 이제 본격적으로 주님의 뜻을 좇아 살 작정입니다.

우리는 평신도 사역자

ㅎ 교회 장집사님

저는 우리교회 미용선교단 단장입니다. 한 달에 하루 어르신을 위한 미용봉사를 하는데 이 하루가 한 달을 살게 하는 힘이 됩니다. 하나님의 일을 하게 하시고 기쁨도 주시니 감사할 뿐입니다.

ㄱ 교회 임집사님

처음엔 기타를 친다는 이유만으로 목사님께서 예배팀장을 시키시더라구요. 예배를 섬기면서 예배를 배우고 신앙이 자라고 있습니다. 예배가 얼마나 소중한지 예전엔 미처 몰랐습니다.

성경은 하나님께서 우리를 부르신 목적 중에 하나를 '그의 기이한 빛에 들어가게 하신 이의 아름다운 덕을 선포하게 하려 하심이라'(벧전 2:9) 하였습니다. 위 사역자들의 이야기를 통해 평신도 사역자로서의 나의 모습에 대해 이야기 나누어 봅시다.

각자의 이야기를 들어 본다.

평소 평신도 사역자에 대한 자신의 생각을 나누도록 한다. 1-3과의 내용을 통하여 새롭게 알게 된 사실이 무엇인지도 함께 나눌 수 있다.

위에 나온 이야기 속의 사람들은 평신도 사역자로서의 역할을 훌륭하게 감당하고 있는 사람들이다. 그들과 비교하여 부끄러움을 안기려고 하지 말고 '나도 평신도 사역자로서 성장해야겠다.'라는 긍정적인 기대를 가질 수 있도록 진행하자. 학습자들 가운데 여전히 자신을 목사와 같은 성직자와 비교해서 더 낮은 수준의 소명감을 가지고 있다고 생각하는 사람이 있을 수 있다. 여기에서 꼭 점검하고 넘어가야 할 부분은 소명에 있어서는 성직자와 평신도가 동일하다는 것을 확인하는 것이다.

평신도 제자 훈련 교재
탐구하기   교회를 위한 선물 – 은사

배울말씀인 요한복음 15장 16-27절과 20장 21절을 읽고 주어진 질문에 답해 봅시다.

1. 예수님은 짧은 공생애 기간 동안 사역을 하셨지만 제자들에게 구체적이고 실제적인 가르침을 많이 남기셨습니다. 다음의 두 구절에서 우리는 예수님께서 가르치신 평신도 사역의 핵심을 발견할 수 있습니다. 빈칸에 들어갈 구절을 찾

아서 적어 봅시다. 그리고 두 구절을 통해서 우리가 얻게 되는 가르침이 무엇인지 적어 봅시다.

요한복음 15:16-17	(너희가 나를 택한 것이 아니요 내가 너희를 택하여 세웠나니) 이는 너희로 가서 열매를 맺게 하고 또 너희 열매가 항상 있게 하여 내 이름으로 아버지께 무엇을 구하든지 다 받게 하려 함이라
요한복음 20:21	예수께서 또 이르시되 너희에게 평강이 있을지어다 (아버지께서 나를 보내신 것 같이 나도 너희를 보내노라)

예수님께서 세상에서 제자들을 택하여 부르시고 또한 세상에서 열매 맺도록 다시 세상으로 보내신다. 우리도 택함 받은 제자임을 기억하고 세상에서 열매맺는 삶을 살아야 한다.

요한복음 15장 16절은 육신으로 오신 예수님께서 사역을 하시면서 제자들을 향하여 주신 말씀이고, 20장 21절은 십자가 고난을 당하시고 죽은 이후 부활하셔서 제자들에게 나타나셔서 주신 말씀이다. 이 두 말씀에서 찾을 수 있는 진리는 예수님께서 세상에서 제자들을 택하여 부르시고 또한 세상에서 열매 맺도록 다시 세상으로 보내신다는 것이다.

예수님은 자신을 구주로 고백하는 성도들을 불러내시고 동시에 세상으로 보내시기 원하신다.

위 두 말씀은 예수님께서 이 땅에 오셔서 사역을 하실 때와 십자가 고난과 죽음을 통해 다시 승천하시기 전에 주신 말씀이다. 주신 때가 다름에도 불구하고 말씀이 동일한 까닭은 그 말씀의 중요성과 일관성을 다시 한 번 생각하게 한다. 결국 위 1번 질문에서 살펴본 바와 같이 예수님은 자신을 구주로 고백하는 성도들을 불러

내셔서 동시에 세상으로 보내시기 원하신다는 것을 알 수 있다.

2. 요한복음 15장 18절-25절에서 예수님은 앞으로 예수님께서 세상을 떠나신 후에 제자들이 만나게 될 상황을 미리 말씀하고 있습니다. 제자들이 맞이하게 될 문제와 상황은 어떻습니까?

제자들이 세상에 속하지 않고 그리스도께 속했기 때문에 세상이 제자들을 미워한다. 뿐만 아니라 세상은 하나님을 알지 못하기 때문에 그리스도를 미워하고 하나님까지도 미워한다. 이는 곧 그들에게 고난과 핍박이 닥칠 것을 의미한다.

예수님은 제자들이 세상으로 나가서 사역해야 한다는 것을 잘 알고 계셨다. 그럼에도 불구하고 세상에서 만날 많은 핍박과 어려움을 당연한 것으로 여겨야 한다고 말씀하신다. 그러나 그들에게 잘못이 있기 때문에 겪게 되는 문제가 아니라, 복음 때문에 당하는 핍박이라고 말씀하시며 제자들을 준비시키신다.
우리도 세상을 향해 복음을 들고 나가야 하는 소명을 받은 자이다. 그렇기에 그들과 비슷한 문제들을 만날 수 있다는 것을 인식해야 하고 그에 대한 준비를 해야 한다.

3. 예수님께서는 당신이 부활 후 승천하셔서 하나님께로 가신 후에 이 땅에 보혜사 성령을 보내겠다고 하셨습니다. 더 나아가 성령이 오시는 목적을 밝히고 있습니다. 보혜사 성령이 오셔서 하게 될 중요한 역할과 제자들에게 주어진 명령은 무엇입니까? 아래의 표에 제시된 말씀을 찾아서 빈칸을 채워 가며 확인해 봅시다.

성경본문	성령의 역할	제자들에게 주어진 명령
요 15:26-27 내가 아버지께로부터 너희에게 보낼 보혜사 곧 아버지께로부터 오시는 진리의 영이 오시면, 그 영이 나를 위하여 증언하실 것이다. 너희도 처음부터 나와 함께 있었으므로, 나의 증인이 될 것이다	예수를 (증언)하심	증인이 되리라.
행 1:8 그러나 성령이 너희에게 내리시면, 너희는 능력을 받고, 예루살렘과 온 유대와 사마리아에서, 그리고 마침내 땅 끝까지 이르러 내 증인이 될 것이다	(능력)을 주심	증인이 되리라.
마 28:19-20 그러므로 너희는 가서 모든 민족을 제자로 삼아 아버지와 아들과 성령의 이름으로 세례를 베풀고 내가 너희에게 분부한 모든 것을 가르쳐 지키게 하라 볼지어다 내가 세상 끝날까지 너희와 항상 함께 있으리라 하시니라	항상 (함께) 계심	가라. 제자 삼으라. 세례를 주라. 가르쳐 지키게 하라.

요한복음 15장 27절 본문은 예수님께서 공식적인 사역 초기부터 말씀하신 것으로 당신이 그리스도이시라는 '증언'이다. '증언하다'는 말은 헬라어로 말투레이테 (martureite)라는 동사인데, NIV 성경에서는 반드시 해야만 하는(must) 명령형으로 표현되었다. 이 말은 제자들, 곧 세상으로 보냄을 받은 평신도들이 세상에서 반드시 해야 할 역할이 바로 예수 그리스도를 증거하는 것임을 분명히 밝히고 있다. 또한 사도행전 1장 8절과 마태복음 28장 19-20절의 말씀 역시 세상에서 보냄을 받은 성도들이 어떠한 역할을 감당해야 하는지에 대해 말씀해 주고 있다.

다음 글은 한국을 방문한 닉 부이치치에 관한 신문기사를 참고한 내용입니다. 읽고 질문에 답해 봅시다.

2013년 6월, '행복 전도사'로 불리는 닉 부이치치(당시 32세)가 한국 유명 텔레비전 방송에 출연했다. 전 세계 43개국을 돌아다니며 수백만 명의 사람들에게 꿈과 희망을 전하고 있는 닉 부이치치는 그 방송을 통해 해표지증(태어날 때부터 팔·다리에 뼈가 없거나 극단적으로 짧아서 손발이 몸통에 붙어있는 기형)을 안고 태어나 많은 시련과 고난을 겪었던 과정을 소개했다. 부이치치는 세르비아 출신의 신실한 목회자인 아버지 보리스와 간호사 출신 어머니 두쉬카 사이에서 장남으로 태어났다. 부모의 전폭적인 지원과 사랑 아래 중고등학교 시절 학생회장을 지냈고 호주 로건 그리피스 대학에서 회계와 경영학을 전공했다. 그는 다이빙을 즐기고 스케이트보드를 타며 서핑을 한다. 또 드럼을 연주하고, 수많은 이들과 트위터를 하고 휴대전화를 사용하며 글을 쓴다. 그러나 사방이 캄캄했던 사춘기 시절, 인생을 포기하고 싶었던 순간도 있었다. 8세 이후 그는 세 번 자살을 시도했다. 팔 다리가 없는 것보다 그를 더 힘들게 한 것은 내면의 외로움과 두려움이었다. 그는 10세 때 물이 가득 찬 욕조에 고개를 담근 채 나오지 않으려 했다. 순간 부모와 형제들이 슬퍼하는 모습이 떠올랐다. 많은 아이들이 '괴물', '외계인'이라고 놀려도 자신을 사랑하는 부모가 있다는 것을 알았기에 그동안 살 수 있었다. 그런 부모에게 상처를 줄 수 없었다. 학교에서 짓궂은 아이들에게 시달리고 돌아온 어느 날, 어머니는 팔 다리가 없어 미칠 것 같다는 그를 끌어안고 한동안 서럽게 울었다. 어머니는 "너를 이렇게 만드신 데는 하나님의 특별한 계획이 있을 거야. 그리고 언젠가는 그 전모가 분명히 드러날 거야"라고 말했다. 또 틈나는 대로 "닉, 너는 정상 아이들과 같이 놀아야 해. 너도 정상이기 때문이지. 너는 몇 가지 사소한 신체 조직이 없을 뿐이야. 그게 전부야."라고 말해주었다. 그는 세상 누구보다 커다란 장애를 가지고 대

어났지만 지금 세상 누구보다 멋진 인생을 살고 있다. 절망 가운데 행복의 문을 여는 열쇠를 찾았기 때문이다. 그것은 바로 자신을 향한 하나님의 계획이 있다는 것을 믿는 것이었다. 그는 15세 때 성경을 통해 인생의 큰 변화를 경험했다. 그는 요한복음 9장에 제자들이 예수님께 "이 사람이 눈 먼 사람으로 태어난 것이 이 사람의 죄 때문인가요? 부모의 죄 때문인가요?"라고 묻는 구절을 읽었다. 그동안 그가 하나님께 해온 질문과 똑같았다. 예수님은 "이 사람이 죄를 지은 것도 아니요, 그의 부모가 죄를 지은 것도 아니다. 하나님께서 하시는 일들을 그에게서 드러내시려는 것이다."라고 말씀하셨다. 가혹한 현실에 좌절하던 그에게 새 힘이 생겼다. 더 이상 그는 가까운 이들에게 짐이 되는 존재가 아니었다. 마지막 땀 한 방울까지 한계를 뛰어넘는 데 쓰고 싶었다. 그동안 수많은 나라들, 수백만 명에게 희망을 전해온 그는 슬픔과 눈물을 삼키며 조심스럽게 손을 들고 "허그해도 되나요?"라고 묻던 한 소녀를 기억한다. 환경의 어려움 때문에 죽음을 생각했던 그 소녀는 그를 포옹하면서 "당신의 강연이 나의 삶을 완전히 바꾸어 놓았습니다."라고 고백했다. 순간 그는 자신의 이야기가 세상에 기여할 수 있다는 것을 깨달았다. 이후 그는 자신의 한계를 있는 그대로 껴안고 세상을 포용하게 됐다. 그는 팔 다리가 없어도 소망이 있으면 독수리처럼 날개를 치며 하늘 높이 날아오를 수 있다고 믿는다. "오직 주를 소망으로 삼는 사람은 새 힘을 얻으리니, 독수리가 날개를 치며 솟아오르듯 올라갈 것이요. 뛰어도 지치지 않으며, 걸어도 피곤하지 않을 것이니"(사 40:31)

〈2013년 국민일보에서〉

1. 닉 부이치치의 이야기 중에서 세상에 보냄을 받은 사역자와 관련하여 느끼는 점이 있다면 서로 이야기 나누어 봅시다.

각자의 느낌대로 감명 받은 부분에 대해서 이야기를 나누도록 한다.

자신이 들었던 이야기나, 책이나 영화를 통해 보았던 이와 같은 이야기들 중에 보통 사람과 같지 않으면서도 오히려 타인을 위한 삶을 살아가는 이야기, 자신이 가진 약점들을 극복하고 이웃을 섬기며 살아가는 사람들의 이야기 등을 서로 이야기해보도록 하여 신앙 안에서 이러한 도전들에 대해 감사하고 삶 속에서 작지만 구체적으로 시도해 볼 수 있도록 격려한다.

2. 제자들에게 주어진 '땅 끝까지 복음을 전하라(마 28:19-20)'는 명령은 그 당시의 제자들에게만 주어진 명령이 아닙니다. 이 명령은 예수님을 그리스도로 고백하는 모든 평신도들에게 주어진 소명입니다. '나는 평신도니까 소명과 관계가 없다.'라는 생각을 어떻게 받아들여야 합니까?

소명은 모든 그리스도인에게 주어진 것이다. 소명은 단순한 직업이 아니고 목회자와 같은 특별한 직업에만 국한된 것도 아니다. 이것은 하나님의 뜻을 이루어 가는 모든 그리스도인의 삶의 자세이며 모습이다. 따라서 평신도인 나도 소명을 발견하고 소명을 이루어 가는 사역자로서의 삶을 살아야 한다.

이 질문은 3과에서부터 강조하고 있는 내용을 점검하는 질문이다. 평신도 사역자로서 땅 끝까지 복음을 전하라는 명령이 본인에게 주어진 명령임을 깨닫고 자기 입술로 고백할 수 있어야 한다. 여기에서 복음을 전하는 것은 단지 입으로만 증거하는 차원을 넘어서서 삶의 모든 영역에서 행동과 삶으로 전하는 것으로 해석하는 것이 바람직하다.
교회 내에 '소명'은 어떤 특정한 사람들만 감당해야 하는 몫이라고 생각하는 분위기가 많이 있다. 그러나 복음의 증인이 되라는 지상명령은 성직자와 같은 어느 특정한 소수의 사람들에게만 국한된 것이 아니고 평신도인 우리 모두의 것이다. 우리는 이 점을 고백할 수 있어야 한다.

3. 하나님의 교회는 모이는 교회와 흩어지는 교회가 있습니다. 그런데 이 '흩어짐'
   은 단순히 뿔뿔이 나누어지는 것을 말하지 않습니다. 그리스도인이 세상에 '흩
   어진다'는 의미가 무엇인지 사도행전 8장 1-8절의 예루살렘교회 이야기를 읽
   고 생각해 봅시다.

---

1 사울은 스데반이 죽임 당한 것을 마땅하게 여겼다. 그 날에 예루살렘 교회에 큰
   박해가 일어났다. 그래서 사도들 이외에는 모두 유대 지방과 사마리아 지방으로
   흩어졌다.
2 경건한 사람들이 스데반을 장사하고, 그를 생각하여 몹시 통곡하였다.
3 그런데 사울은 교회를 없애려고 날뛰었다. 그는 집집마다 찾아 들어가서, 남자
   나 여자나 가리지 않고 끌어내서, 감옥에 넘겼다.
4 그런데 흩어진 사람들은 두루 돌아다니면서 말씀을 전하였다.
5 빌립은 사마리아 성에 내려가서, 사람들에게 그리스도를 선포하였다.
6 무리는 빌립이 행하는 표징을 듣고 보면서, 그가 하는 말에 한 마음으로 귀를 기
   울였다.
7 그것은, 귀신들린 많은 사람에게서 악한 귀신들이 큰 소리를 지르면서 나갔고,
   많은 중풍병 환자와 지체장애인이 고침을 받았기 때문이다.
8 그래서 그 성에는 큰 기쁨이 넘쳤다.

(행 8:1-8, 새번역)

자신이 있는 곳에서 자신이 할 수 있는 상황에 따라 하나님의 일을 실천하여 하나님
을 증거하고 영광을 돌려서 세상의 모든 사람들에게 소금과 빛의 역할을 감당하는 삶

예루살렘 교회는 스데반 순교 후 큰 박해로 인하여 각지로 흩어지게 된다. 그런데
그리스도인의 흩어짐은 고난과 좌절과 실패로 인한 끝이 아니다. 흩어진 사람들
이 각지에서 그리스도인의 사명을 가지고 두루 다니며 복음을 전하게 된다. 이와
같이 '흩어진다'는 것은 단순히 나누어지는 것이 아니라 그리스도인이 세상 속에
서의 사명, 즉 각자의 삶의 현장에서 그리스도인의 증인으로 복음을 전하며 그리
스도인다운 삶을 사는 것을 의미한다.

'소명을 지닌 사역자'의 신분에 대해 묵상하고 앞으로 삶에서 어떠한 사명을 감당할 것인지 '사역자 사명 선언문'을 작성한 뒤, 서로 나누어 봅시다.

〈나의 사역자 사명 선언문〉

1. 예시 1
나의 사명은 교회 내의 평신도들에게 사명을 깨닫게 하고 그 사명대로 사역을 실천할 수 있도록 준비시키며 그들의 사역을 통해 하나님의 나라를 세상에 알리는 것이다.

2. 예시 2
나의 사명은 올 한 해 나에게 맡겨 주신 행촌1구역의 구역원들을 영적으로 잘 돌보아서 그들이 건강한 신앙인으로 행복한 삶을 누릴 수 있도록 돕는 것이다.

사역자 사명 선언문은 다음과 같은 방법으로 작성합니다.

1) 외우기 쉽도록 짧게 씁니다.
2) 열 살짜리 어린아이도 이해할 수 있을 만큼 쉽고 정확하게 씁니다.
3) 가능하다면 세 문장을 넘지 않아야 합니다.

사명 선언문을 통해 정체성을 명확하게 해야 한다. 사명이 명확하지 않으면 세상의 물결에 휩쓸려 하나님의 사람으로서의 특성을 잃고 말 것이다. 사명을 알고 헌신할 때 헌신의 열매가 집중적으로 잘 열리게 되고, 헌신에 대한 동기 부여가 이루어지며, 더불어 스스로 느끼는 기쁨도 많아질 것이다. 또한 사명을 확실히 인식하여 자신이 나아갈 방향을 명확히 한다면 불필요한 활동을 제거하여 정말 중요한 활동에 집중할 수 있을 것이다.

만약 당장 평생을 위한 사역과 사명이 떠오르지 않는다면 올 한 해를 위한 사역자 사명 선언문을 작성해도 좋다.

새길말씀 외우기

예수께서 또 이르시되 너희에게 평강이 있을지어다 아버지께서 나를 보내신 것 같이 나도 너희를 보내노라 (요 20:21)

다함께 드리는 기도

1. 오늘 배운 말씀과 내용을 생각하며 다함께 기도하는 시간을 갖도록 합시다.
2. 오늘 참석한 구성원들을 위해서 이름을 불러 가며 중보의 기도를 합시다.
3. 오늘 참석하지 못한 구성원이 있으면 그 사람을 위해 더욱 뜨거운 마음으로 기도합시다.
4. 한 주간의 삶을 통해서 오늘 배우고 익힌 내용들을 삶으로 살아갈 수 있도록 기도합시다.
5. 하나님의 은혜 가운데서 한 주를 살고, 다음 모임 시간에 모두가 모일 수 있도록 기도합시다.

＊사역자로서 이 과를 마치고 난 느낌이나 소감, 다짐 등을 간단하게 말해 봅시다.

다음 모임을 위하여

1. 다음 주에 읽어야 할 성경말씀을 읽고 확인합시다.
2. 5과의 배울말씀인 고린도전서 3장 1–15절을 읽고 묵상합시다.

평신도제자훈련교재
평가하기

평가항목	세부사항	그렇다	그저 그렇다	아니다
인도자의 준비도	인도자는 본 과의 교육목적을 이룰 수 있도록 충분하게 준비했습니까?			
교육목표의 성취도	1. 학습자들은 자신의 잘못된 선입견과 고정관념을 버리고 순수한 마음으로 주님을 만날 준비가 되었습니까? 2. 학습자들이 예수에 대하여 지식적으로 아는(know) 단계에서 체험적으로 아는(see) 단계로 발전하고자 결단하게 되었습니까?			
학습자의 참여도	학습자들이 진지하고 적극적인 태도로 성경공부에 임했습니까?			
성경공부의 분위기	성경공부를 하는 동안 학습자들이 편안한 분위기를 느낄 수 있었습니까?			
기타 보완할 점	기타 보완할 점이나 건의사항이 있습니까?			

성경 읽기표

읽을 범위		월 일 주일	월 일 월요일	월 일 화요일	월 일 수요일	월 일 목요일	월 일 금요일	월 일 토요일
	구약	주일은 설교말씀 묵상	출 25~28장	출 29~32장	출 33~36장	출 37~40장	레 1~4장	레 5~8장
	신약		마 19장	마 20장	마 21장	마 22장	마 23장	마 24장
확인								

MEMO

2단원
사역자는 헌신합니다

단원 설명

　　2단원은 사역자의 정체성과 관련한 단원으로, 사역자는 헌신하는 자라는 사실에 대해 다룬다. 사역자의 헌신은 동역의 삶으로, 순종의 삶으로, 섬김의 삶으로, 그리고 고난의 삶으로 나타난다. 사역자의 헌신은 하나님께 부르심을 받은 후부터 사역자로서의 자격을 갖추기 위해 훈련을 받고, 구체적인 사역의 현장으로 보내짐으로 비로소 구현된다. 사역자는 하나님의 동역자이기 때문에 결코 홀로 일하는 법이 없다. 이는 사역자가 일하는 시간과 공간 속에 하나님께서 친히 함께하신다는 말이다. 뿐만 아니라 사역자는 담임목회자의 목회방침에 순응하면서 동역하는 품성과 태도를 견지해야 한다. 동역하는 이들이 한마음과 한뜻이 될 때, 교회가 건강하게 서기 때문이다. 여기에 필요한 사역자의 덕목은 하나님께서 기뻐하시는 전적인 순종이다. 순종의 최고 모범은 이 땅에 인간의 몸으로 오셔서 성부 하나님의 경륜(經綸)에 죽기까지 순종하신 예수 그리스도이시다. 예수 그리스도는 이 땅에 오시어 친히 제자들의 발을 씻기셨고, 낮고 미천한 자들과 함께하셨을 뿐만 아니라, 심지어 목숨까지도 아끼지 아니하시기까지 섬김의 삶을 사셨다. 사역자의 섬김에 기준이 있다면 여기까지일 것이다. 그런 의미에서 예수 그리스도의 모범을 따르는 사역자들의 진정한 모습은 헌신을 통한 섬김이라 할 수 있다. 이러한 섬김의 삶은 영광보다 오히려 고난이 더 어울린다. 보냄을 받은 사역자의 헌신은 동역하는 선한 모습 속에서 하나님의 기뻐하심과 세우신 담임목회자의 비전에 순종하며 예수님께서 친히 보이신 섬김의 모범을 따르며, 영광보다 고난이 사역의 길에 더 합당한 것임을 내면화하면서 묵묵히 수행해내는 삶이다.

동역의 삶

배울말씀 고린도전서 3장 1–15절

도울말씀 삼상 14:45, 롬 16:3, 9, 고후 8:23, 빌 4:3, 몬 1:1, 17

새길말씀 우리는 하나님의 동역자들이요 너희는 하나님의 밭이요 하나님의 집이니라

(고전 3:9)

이룰 목표

① 사역자는 그리스도 예수의 일꾼으로 부름을 받은 하나님의 동역자임을 이해할 수 있다.

② 평신도 사역자는 하나님의 동역자임과 동시에 담임 목회자 및 함께 사역하는 이들을 돕는 자들임을 깨달을 수 있다.

③ 하나님의 은혜로 부르심을 받은 평신도 사역자로서 구체적인 동역의 모습을 통해 사역할 수 있다.

교육흐름표

15 min	10 min	20 min	15 min	20 min
O.T.	관심	탐구	관점	실천

교육진행표

구분	오리엔테이션	관심갖기	탐구하기	관점바꾸기	실천하기
제목		무디와 생키의 동역	예수 그리스도를 중심으로	하나님과의 동역	동역을 위한 마인드 맵
내용	환영 및 단원 개요 설명	동역의 힘	사역자의 자세	동역자의 책임감	이상적인 교회의 모습
방법	강의	생각 나누기	성경 찾아 답하기	생각 나누기	그리기, 기도하기
준비물	출석부		성경책		도화지, 색사인펜
시간(80분)	15분	10분	20분	15분	20분

그리스도 예수의 일꾼으로 부름을 받은 사역자는 하나님과 함께 일하는 사람이다. 이를 원어로 설명해보면, 헬라어 '일하다'는 뜻인 '엘고'(ergo)에서 파생된 '엘곤'(일)에 '함께'라는 의미인 '쉰'(shyn)과 인칭대명사(os)가 붙어서 함께 일하는 사람, 즉 '쉬넬고스'가 된 것이다. 세상에서의 일은 개인의 유익을 위해 수고하는 데 반해 하나님의 부르심을 받은 사역자의 일은 교회와 세상을 위해 수고하는 것이며, 이는 바로 예수 그리스도의 삶을 따라 가는 삶이다.

동역자로 훈련받는 사역자들은 현실적으로 담임 목회자의 사역을 돕는 일에 최선을 다해야 한다. 하나님께서는 교회 공동체가 건강해지고 성숙해지게 하기 위해 많은 시간 동안의 훈련과 헌신, 그리고 사랑과 기도로 섬기며 목회하고 있는 담임 목회자에게 많은 일들을 맡기시고 많은 일을 결정하게 하신다. 그러므로 교회를 위해 한마음과 한뜻을 가지고 담임 목회자를 도와 함께 동역하는 평신도 사역자들이 필요함은 당연하다. 또한 평신도 사역자는 함께 사역하는 평신도 사역자들 간의 팀워크(team-work)를 염두에 두어 서로의 장점을 격려하고 부족한 점을 보완해주며 동역하는 자세가 필요하다.

본 과는 사역자에게 있어서 가장 중요한 덕목이라 할 수 있는 '동역'을 위한 삶에 주목한다. 이를 위해 다음과 같은 목표가 있다. 첫째, 예수 그리스도의 일꾼으로 부름을 받은 사역자는 하나님의 동역자라는 것을 알아야 한다. 하나님께서는 사람을 통해 일하시며, 사람을 통해 하나님의 나라를 구체적으로 이루어 가신다. 그 사역의 장(場)으로 나를 부르셨다는 것이다. 그렇게 하나님께서 부르셔서 함께 일하자고 초청하셨기에 사역자는 긍정적인 마음과 적극성을 가지고 맡겨진 사역에 참여해야 한다. 둘째, 하나님의 동역자로 사역함에 있어서 교회를 건강한 공동체로 인도해 가는 목회자의 목회철학과 목회자가 추구하는 가치에 순종해야 한다. 우리가 몸담고 있는 교회는 예수 그리스도를 머리로 한 지체들의 집합이다. 이러한 구조에서 가장 영적으로 민감하게 반응하고 성령님의 인도하심을 따라 공동체를 인도해 가는 담임 목회자를 중심으로 하여 사역해야 한다. 셋째, 사역자에게 맡겨진 사명들을 수행함에 있어서 함께 사역하는 이들과 마음과 뜻을 합하여 서로 도우며 사역할 수 있어야 한다. 그럴 때 성령님께서 기뻐하시는 사역이 될 뿐만 아니라, 사역의 현장이 상승효과(synergy effect)를 가져올 수 있다.

본 과의 배울말씀에서 고린도교회는 여러 파당으로 인해 어려움을 겪게 된다. 그런데 바울은 이에 대해 여러 파당들에 대해 배타적인 입장이기보다는 오히려 예수 그리스도 안에서 각자의 역할에 충실하였을 뿐이라며 모두가 하나의 공동체에 속한 지체로서 하나가 될 것을 강조한다. 바울은 모든 것의 기초가 되시는 예수 그리스도께서 그것을 가능케 하신다고 강조한다. 개인의 모습과 사역의 모양이 다를지라도 예수 그리스도로 말미암은 사랑과 섬김의 태도는 우리로 하여금 하나되게 하기에 충분하다. 그러므로 우리는 예수 그리스도의 터 위에서 부지런함, 겸손, 기쁨, 그리고 순종의 미덕을 가지고 사역의 현장에 임해야 한다. 하나님의 부르심으로 인해 동역자로 세워진 사역자들에 대한 평가는 반드시 있을 것이다. 그것은 언젠가 이르게 될 '불'이 검증할 것이라고 고린도전서 3장 14~15절에서 설명한다. 즉 예수 그리스도의 기초 위에 세워진 사역이라면 그날에 밝히 검증될 것이지만, 예수 그리스도가 아닌 다른 이유로 행해진 사역의 모양들은 나무나 풀, 혹은 짚이 불에 살라지듯 타서 없어져 버릴 것이다.

아래 이야기를 읽고 각자의 생각을 나누어 봅시다.

드와이트 레이먼 무디
(Dwight Lyman Moody,
1837.2.5 ~ 1899.12.22)

찬송은 하나님과 하나님 나라를 설명하는 가장 아름다운 언어다. 주님은 하나님 나라와 하나님을 찬송하고 전파하고 나타내기 위하여 아름다운 선물을 주셨는데 그것이 곧 가스펠 송(Gospel Song)이다. '가스펠(Gospel)'이란 하나님(God)과 말씀(Spell)의 합성어이다. 즉 하나님의 말씀에 가락을 맞추어 부르는 것이 복음송(Gospel)의 의미다. 가스펠(Gospel)은 헬라어로는 '유앙겔리온', 곧 '기쁜 소식'이라는 말이다. 우리나라 찬송가는 상당 부분이 미국에서 수입되었다. 먼저 우리나라의 찬송가의 역사와 이야기를 다루기 전에 미국의 찬송가가 가장 많이 쓰였던 시기, 말씀과 은혜가 충만했던 시기의 무디 목사와 찬양사역자의 이야기를 나누고자 한다. 무디(Dwight L. Moody 1837~1899) 목사는 미국과 전 세계에서 전도 운동을 펼친 역사적인 인물이다. 그는 말씀을 선포하기 전에 먼저 찬양사역자인 생키(Ira D. SanKey 1840~1908)로 하여금 찬양으로 집회에 참석한 많은 이들의 마음을 열게 했다. 부흥사 무디가 청중을 모으기 위해 찬양사역자 생키로 하여금 노래를 부르게 한 것이 복음성가의 시초가 되었다. 이때가 1873년으로, 영국 뉴 캐슬(New Castle) 지방에서 시작된 이후 찬양의 물결이 전 세계와 국내에 보급되었다. 무디 목사는 전도 집회 도중 받은 영감으로 찬송을 작곡하여 그 집회에서 불러 많은 은혜를 끼치기도 했다. 그가 100만 명의 영혼을 구원했다면 그 중 찬양으로 동역한 사람들의 역할이 상당 부분을 차지했을 것이다. 이것은 바울의 주위에 훌륭한 동역자들이 있었듯 복음 전도사역에 팀 사역의 중요성을 상기시켜 주는 좋은 예이다. 지금도 우리가 애창하는 '어려운 일 당할 때', '나 주의 도움 받고자', '십자가 군병 되어서', '주 날개 밑 내가 평안히 쉬네' 등 많은 찬송가들이 생키의 작품들이다. 생키의 찬양이 준 감동과 능력을 보여주는 한 예화를 함께 나누고자 한다. 미국 남북전쟁 때 생키는 북군으로 참전했었다. 어느 날, 그가 달빛이 환한 밤 보초를 서고 있었을 때, 남군 한 사람이 그를 향해 방아쇠를 당기려고 했다. 그때 갑자기 생키가 찬송가를 부르기 시작했다. '선한 목자 되신 우리 주 항상 인도하시고…' 이때 찬송에 감동을 받은 남군이 일단 노래가 끝난 다음에 생키를 죽이려 마음을 먹었다. 그런데 그 노래가 어릴 적에 돌아가신 어머니가 종종 불러주셨던 찬송가라는 것이 생각났다. 전쟁이 끝난 후, 증기선을 타고 여행 중이던 생키가 승객들의 요청으로 '선한 목자' 찬양을 부르고 있었다. 어떤 거친 인상의 까맣게 그을린 한 청년이 다가와 그에게 물었다. "혹시 남북전쟁 때 북군의 용사로 참전하지 않으셨습니까?" "네, 그랬지요." "저, 1862년 달 밝았던 날 밤 보초병으로 서셨던 것을 기억하십니까?" "네." 생키는 놀라움을 금치 못하며 대답했다. 그때 그 청년이 생키에게 지난 이야기를 들려주며 말했다. "당신의 찬송이 끝났을 때, 저는 도저히 당신을 향해 총을 겨눌 수가 없었습니다. 이 남자를 죽음으로부터 구원하실 수 있는 하나님이시라면 정말 위대하고 강하실 거라고 생각한 순간 힘이 빠지고 두려워졌습니다." 설교 도중에 터져 나오는 은혜의 찬송가, 치열한 전쟁 중에 어둠 속에서 부르던 찬송가, 시간과 공간은 초월했지만, 찬송가 책을 봐야 겨우 부를 수 있는 현재 우리의 찬송가와 많이 비교가 된다. 평소에 좋아하는 찬송가를 외워두자. 그것이 결정적인 때에 우리 영혼에 큰 위로와 승리를 가져다 줄 것이라 믿는다.

무디는 생키와 동역하여 놀라운 신앙의 결실을 이룰 수 있었습니다. 동역자와 함께 사역하는 데 있어서 장점과 단점이 있다면 무엇인지 서로의 생각을 나누어 봅시다.

각자의 생각을 들어 본다.

동역자와 함께 사역하면 장점이 따른다. 이를 테면, 힘이 덜 들거나, 시간이 줄어들거나, 즐거움으로 할 수 있거나, 혼자보다 더 좋은 결과를 이끌어 낼 수 있다. 그러나 개인의 성향이나 성격에 따라 갈등을 겪을 수도 있고, 나타난 결과에 대해 자신을 드러내고픈 유혹에 빠질 수 있다는 단점도 있다.

평신도제자훈련교재
탐구하기   예수 그리스도를 중심으로

고린도전서 3장 1–15절을 읽고 다음 질문에 답해 봅시다.

1. 본문에서 고린도교회가 겪고 있는 어려움은 무엇입니까?(1–4절) 바울은 이러한 각각의 견해들에 대해 어떤 태도를 가지고 있습니까?(5–6절) 주어진 말씀을 통해 찾아보고 함께 이야기해 봅시다.

   고린도교회는 여러 파당을 만들어 시기와 다툼 속에 있었다. 그러나 바울은 "주님 안에서 그 각각의 파당이 무엇이 그리 중요한가?" 하며 오히려 그 파당을 둘러싼 핵심인물들, 즉 아볼로, 게바, 바울은 그리스도 예수를 믿도록 하게 만드는 인물에 불과하며 모두가 각각의 역할에 충실했을 뿐이라고 주장한다.

2. 동역함에 있어서 바울은 각각의 역할이 다를 지라도 모두가 한 토대에 있어야 한다고 설명합니다. 다시 말해, 동역하는 각 사람은 사역의 모습은 달라도 같은 마음과 태도로 그 사역에 임해야 한다는 것을 강조하고 있는 것입니다. 7–11절을 잘 읽어보면서 그 기초와 토대가 무엇인지, 왜 그래야 하는지 말해 봅시다.

동역자들은 각각의 사역의 모습은 다를지라도 모두 예수 그리스도에 기초해야 한다. 그리스도 예수의 섬김의 마음과 사랑의 마음이 토대가 되어야 수많은 판단과 결단에 직면할 때 한마음과 한뜻으로 맡겨진 사역을 감당할 수 있기 때문이다.

3. 하나님께서 내게 맡겨주신 일에 대해 여러분은 어떠한 자세로 임할 것입니까? 아래에서 알맞은 구절과 그 자세를 찾아 이어봅시다.

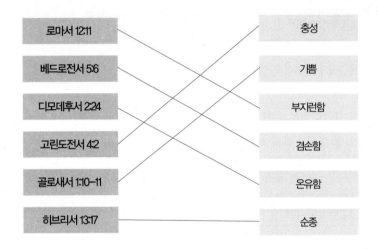

하나님의 일을 감당하는 사역자들은 부지런하여 게으르지 말고(롬 12:11), 하나님의 능하신 손 아래에서 겸손해야 하며(벧전 5:6), 모든 사람에 대하여 온유하며(딤후 2:24), 충성을 다하며(고전 4:2), 기쁨으로 모든 견딤과 오래 참음에 이르며(골 1:10-11), 순종(히 13:17)의 미덕을 가져야 한다.

4. 사역자들에 대한 평가가 어떻게 이루어진다고 설명하고 있는지 12-15절을 살펴보고 이야기해 봅시다.

하나님께서 부르셔서 동역자로 세우신 사역자들에 대한 평가는 반드시 있을 것이다. 그것은 언젠가 이르게 될 '불'이 검증하게 될 것이다(13절). 즉 예수 그리스도의 기초 위에 세워진 사역의 성과라면 그날에 밝히 검증될 것이지만, 예수 그리스도가 아닌 다른 이유로 행한 사역의 모양들은 나무나 풀, 혹은 짚이 불에 살라지듯 타서 없어져 버릴 것이다.

평신도제자훈련교재
관점바꾸기   하나님과의 동역

1. 하나님께서는 자격 없는 우리를 동역자로 사용하시기 원하셨습니다. 그래서 이 땅에 인간의 모습으로 친히 오셔서 동역의 사역을 감당할 수 있는 길을 보여주셨습니다. 하나님께서 우리를 부르신 것은 환대 그 자체였습니다. 그 부르심에 응답한 우리는 이제 하나님의 동역자로 빚어지고 있습니다. 아래의 말씀을 잘 읽어보고 우리를 향한 하나님의 환대에 어떻게 응답하셨고 지금 어떻게 이 자리에 있는지 서로 이야기해 봅시다.

> 하나님이 세상을 이처럼 사랑하사 독생자를 주셨으니 이는 그를 믿는 자마다 멸망하지 않고 영생을 얻게 하려 하심이라 하나님이 그 아들을 세상에 보내신 것은 세상을 심판하려 하심이 아니요 그로 말미암아 세상이 구원을 받게 하려 하심이라 그를 믿는 자는 심판을 받지 아니하는 것이요 믿지 아니하는 자는 하나님의 독생자의 이름을 믿지 아니하므로 벌써 심판을 받은 것이니라 그 정죄는 이것이니 곧 빛이 세상에 왔으되 사람들이 자기 행위가 악하므로 빛보다 어둠을 더 사랑한 것이니라 악을 행하는 자마다 빛을 미워하여 빛으로 오지 아니하나니 이는 그 행위가 드러날까 함이요 진리를 따르는 자는 빛으로 오나니 이는 그 행위가 하나님 안에서 행한 것임을 나타내려 함이라 하시니라 (요 3:16-21)

하나님의 부르심에 어떻게 반응하였는지, 나를 찾아온 하나님의 사랑의 의미가 어떠했는지, 그리고 그 전후의 삶이 어떤 변화가 있었는지 서로 이야기해 본다.

2. 우리를 향한 하나님의 사랑과 긍휼, 그리고 동역자로서의 기대를 생각할 때 우리는 감사할 수밖에 없습니다. 하나님의 동역자! 그야말로 가슴 벅찬 사명임에 틀림없습니다. 그러나 우리에게는 여전히 연약함이 남아있습니다. 어떤 부분이 연약합니까? 그리고 그 연약함을 극복할 수 있는 방법은 무엇인지 아래 주어진 말들을 생각하며 서로 이야기해 봅시다.

예배　성경　기도　사람관계　건강　가정　시간　기타(　　)

하나님의 환대를 받았지만, 여전히 내 안에 연약함이 있어 죄를 지을 때가 있다. 그러나 예배생활에 더욱 열심을 내고, 성경을 조금씩이라도 매일 읽도록 힘쓰며, 날마다 순간마다 기도한다면 신앙을 강화할 수 있다.

3. 동역함에 있어서 아름다운 태도는 함께하는 이들과 팀워크(team-work)를 이루어 가는 일입니다. 삼위일체이신 하나님께서도 성부 하나님, 성자 하나님, 성령 하나님 간의 아름다운 관계 속에서 당신의 경륜을 이루어 가십니다. 그러나 우리는 현실적으로 여러 가지 이유로 인해 그 아름다운 팀워크가 흔들릴 때가 있을 수 있습니다. 어떤 경우에 동역하는 이들 간의 관계가 힘들어지거나 심지어 깨어질까요? 또 어떻게 그런 상황들을 해결하는 것이 바람직한 모습일까요? 잠깐 동안 생각해보고 서로 이야기해 봅시다.

이것이 동역에 있어서 가장 현실적인 과제이다. 고린도교회의 경우 교회 내 갈등이 있을 때 장로들을 파견하여 에베소에 머물고 있던 바울을 찾아가 그 대답을 구하고자 하였다. 이는 바울이 고린도교회를 개척했기 때문에 그 영향력을 고려하여 그럴 수 있었을 것이다. 그런데 오늘날은 어떤가? 모든 교회가 이에 대한 실제적인 대책을 마련해야 한다. 이를테면, 일방적으로 지시하거나 훈계를 하지 말고 다양한 목소리를 경청하고, 존경받는 지도자에 의한 적절한 권면, 교회 내 특정한 조직에 의

한 조정 등이 그 방법이 될 수 있다. 참여한 개인들이 예상하는 상황과 그 상황을 해결하기 위해 각자가 제안하는 해법을 들어보자.

동역을 위한 마인드 맵

1. 예수 그리스도에 뿌리를 둔 교회 안에서 참여한 모든 사람이 해야 할 각자의 역할을 생각해 보고 그림과 글로 표현하여 이상적인 교회의 모습을 그려봅시다. 시간은 10~15분 정도로 하고 완성 후에는 돌아가면서 설명해 봅시다.

> 〈이상적인 교회의 모습〉
>
> 1. 모퉁이돌이 되신 예수님
> 2. 사도들과 선지자들의 세우심을 입은 성도들
> 3. 건물마다 서로 연결하여
> 4. 주안에서 성전이 되어간다.
> 5. 성령 안에서 함께 지어져간다.

예수 그리스도에 뿌리를 둔 이상적인 교회의 모습을 나름대로 그려보고, 함께 이야기해 본다.

2. 함께 그린 동역 마인드 맵을 생각하며 아래 찬양을 부른 후, 각자에게 맡겨진
사역을 잘 감당하는 사역자가 되기를 위해 기도합시다.

새길말씀 외우기

우리는 하나님의 동역자들이요 너희는 하나님의 밭이요 하나님의 집이니라 (고전 3:9)

다함께 드리는 기도

1. 오늘 배운 말씀과 내용을 생각하며 다함께 기도하는 시간을 갖도록 합시다.
2. 오늘 참석한 구성원들을 위해서 이름을 불러 가며 중보의 기도를 합시다.
3. 오늘 참석하지 못한 구성원이 있으면 그 사람을 위해 더욱 뜨거운 마음으로 기도합시다.
4. 한 주간의 삶을 통해서 오늘 배우고 익힌 내용들을 삶으로 살아갈 수 있도록 기도합시다.
5. 하나님의 은혜 가운데서 한 주를 살고, 다음 모임 시간에 모두가 모일 수 있도록 기도합시다.

＊사역자로서 이 과를 마치고 난 느낌이나 소감, 다짐 등을 간단하게 말해 봅시다.

다음 모임을 위하여

1. 다음 주에 읽어야 할 성경말씀을 읽고 확인합시다.
2. 6과의 배울말씀인 사무엘상 15장 1-23절을 읽고 묵상합시다.

평신도 제자 훈 련 교 재
평가하기

평가항목	세부사항	그렇다	그저 그렇다	아니다
인도자의 준비도	인도자는 본 과의 교육목적을 이룰 수 있도록 충분하게 준비했습니까?			
교육목표의 성취도	1. 학습자들은 자신의 잘못된 선입견과 고정관념을 버리고 순수한 마음으로 주님을 만날 준비가 되었습니까? 2. 학습자들이 예수에 대하여 지식적으로 아는 (know) 단계에서 체험적으로 아는(see) 단계로 발전하고자 결단하게 되었습니까?			
학습자의 참여도	학습자들이 진지하고 적극적인 태도로 성경공부에 임했습니까?			
성경공부의 분위기	성경공부를 하는 동안 학습자들이 편안한 분위기를 느낄 수 있었습니까?			
기타 보완할 점	기타 보완할 점이나 건의사항이 있습니까?			

성경 읽기표

읽을 범위		월일 주일	월일 월요일	월일 화요일	월일 수요일	월일 목요일	월일 금요일	월일 토요일
	구약	주일은 설교말씀 묵상	레 9~12장	레 13~16장	레 17~20장	레 21~24장	레 25~27장	민 1~4장
	신약		마 25장	마 26장	마 27장	마 28장	막 1장	막 2장
확인								

MEMO

6 순종의 삶

평신도 제자훈련교재

배울말씀 사무엘상 15장 1-23절

도울말씀 창 6:22; 7:5; 22:3-19; 26:5, 레 26:3-10, 신 28:1-2, 수 1:17, 왕상 20:31-42, 대상 28:7-8, 눅 2:51, 행 4:19; 5:29, 롬 4:3; 5:19, 히 5:8; 11:8, 엡 6:1-5, 빌 2:8, 골 3:20-22

새길말씀 사무엘이 이르되 여호와께서 번제와 다른 제사를 그의 목소리를 청종하는 것을 좋아하심 같이 좋아하시겠나이까 순종이 제사보다 낫고 듣는 것이 숫양의 기름보다 나으니 (삼상 15:22)

이룰 목표

① 하나님께서는 전적인 순종을 기뻐하심을 안다.

② 순종을 위한 기본적인 마음가짐을 이해한다.

③ 자신의 삶과 사역에서 불순종했던 부분을 반성하고 새롭게 다짐한다.

교육흐름표

10 min	10 min	20 min	20 min	10 min
O.T.	관심	탐구	관점	실천

교육진행표

구분	오리엔테이션	관심갖기	탐구하기	관점바꾸기	실천하기
제목		어떤 명령이라도	온전한 순종	죽기까지 순종하신 예수님	옮겨진 것 내려놓기
내용	환경 및 개요 설명	순종, 생각해보기	순종의 방법	순종의 사람들	순종을 위한 결단
방법	강의	생각 나누기	성경 찾아 답하기	관찰하기	작성하기, 기도하기, 찬양하기
준비물	출석부		성경책	성경책	
시간(70분)	10분	10분	20분	20분	10분

평신도 사역자는 '나의 일'이 아닌 '주님의 일'을 한다. 주님의 일을 하려면 내 뜻이 아니라 주님의 뜻을 따라야 한다. 그래야만 사역이 주님의 계획대로 이루어질 수 있다. 이것이 순종이다. 성경에서 순종은 하나님의 말씀을 듣고 행동하는 것으로 표현되어 있다(창 22:18; 26:5). 순종은 어쩔 수 없어서 하거나, 생각 없이 기계적으로 복종하는 것이 아니다. 순종은 하나님을 향한 신뢰에 기초를 두고 그분의 계획을 자발적으로 따르는 것이다(롬 4:3). 성경은 하나님께서 순종하는 자들을 기뻐하시고, 그들에게 복을 주신다는 것을 일관성 있게 강조한다(레 26:3-10, 신 28:1-2, 대상 28:7-8, 사 48:18, 잠 8:34, 마 7:21-24; 12:50, 막 3:35, 눅 8:21, 롬 2:13 등).

하나님께서 순종을 얼마나 중요하게 여기시는가를 잘 보여주는 예가 오늘의 배울말씀인 사무엘상 15장 1-23절이다. 하나님께서는 예전에 이스라엘 백성들이 애굽에서 나올 때 아말렉이 그들을 대적했던 것을 기억하셨다. 그래서 하나님께서는 사무엘을 통해서 사울왕에게 명령하셨다. "지금 가서 아말렉을 쳐라. 그들의 모든 소유를 남기지 말고 진멸하되 남녀와 소아와 젖 먹는 아이와 우양과 약대와 나귀를 죽여라." 사울은 아말렉과의 전쟁에서 대승을 거두었다. 하지만 사울은 하나님의 명령에 100% 순종하지 않았다. 사울과 그 백성은 가치 없는 것들만 진멸시켰고 아말렉의 왕인 아각과 그 양과 소의 좋은 것들은 남겨 두었다. 하나님께서는 사울의 불순종에 대하여 사무엘에게 이렇게 말씀하셨다. "내가 사울을 왕으로 세운 것을 후회한다." 사무엘은 사울을 다시 만나서 이 사건을 다음과 같이 정리하여 말했다. 첫째, 하나님께서는 제사보다 순종을 기쁘게 받으신다. 둘째, 순종하지 않는 것은 점치는 죄와 같다. 셋째, 완고한 것도 우상에게 절하는 죄와 같다. 넷째, 사울왕이 하나님의 말씀을 버렸기 때문에 하나님도 사울을 버려 더 이상 왕이 되지 못하게 하실 것이다.

우리는 성경에서 하나님의 말씀에 순종한 모범적인 삶의 모습들을 발견할 수 있다. 아브라함은 믿음으로 하나님의 명령을 따르며 살았다(창 22:3-19; 26:4-5, 히 11:8). 노아 역시 하나님께서 말씀하신 것을 모두 다 순종했다(창 6:22; 7:5). 우리는 예수님의 삶에서 순종의 극치를 찾을 수 있다. 예수님의 순종으로 많은 사람이 의롭게 되었다(롬 5:19). 예수님은 죽기까지 순종하셨다(빌 2:8). 성경은 예수께서 하나님의 아들이시면서도 받으신 고난으로 순종을 배우셨다고 표현한다(히 5:8).

순종에 대하여 우리는 한 가지 사실을 분명히 할 필요가 있다. 바로 순종의 대상이다. 우리는 궁극적으로 사람에게 순종하기보다 하나님께 순종해야 한다(행 5:29). 베드로와 요한은 "하나님 앞에서 너희 말 듣는 것이 하나님 말씀 듣는 것보다 옳은가 판단하라(행 4:19)"라고 하였다. 물론 성경을 보면, 이스라엘 백성들이 여호수아에게 청종했고(수 1:17), 예수님께서는 마리아와 요셉에게 순종하셨으며(눅 2:51), 바울은 부모에 대한 자녀들의 순종을 강조했고(엡 6:1, 골 3:20), 종들이 주인에게 순종해야 한다(엡 6:5, 골 3:22)는 것을 발견할 수 있다. 그러나 분명히 할 것은 이러한 모든 것들이 궁극적으로 하나님께 순종하기 위한 것이라는 점이다. 평신도 사역자는 하나님께 순종하는 자들이다.

아래의 글을 읽은 후 질문에 답해 봅시다.

> 중세 유럽의 수도원에서는 제자를 삼기 위한 시험을 치렀습니다. 어느 날, 성 프란시스코에게 그의 제자가 되기를 원하는 두 사람의 후보생이 찾아왔습니다. "선생님의 제자가 되어 신앙의 훈련을 받고 싶습니다." 성 프란시스코는 먼저 후보생들에게 다음과 같이 요청했습니다. "저 밭에 나가면 배추가 많이 있습니다. 그 배추를 가져다가 뿌리를 하늘 쪽으로 해서 심으십시오." 한 사람이 말없이 배추를 들고 나갔습니다. 그런데 다른 한 사람은 '하하, 이 성자가 여기서 오랫동안 도를 닦더니만 돌았구먼!' 하고 속으로 비웃었습니다. 한 청년은 프란시스코의 말대로 배추 뿌리가 하늘을 향하도록 심었고, 다른 한 청년은 프란시스코의 요청과는 달리 자기의 상식대로 배추 뿌리가 땅을 향하도록 심었습니다. 프란시스코는 배추를 심어 놓은 모습을 살펴보고는 두 번째 청년을 불러 말했습니다. "청년처럼 똑똑한 사람은 혼자서 사십시오. 당신은 선생으로서의 자격은 있을지 모르지만, 제자로서의 자격은 없습니다."

만일 여러분이 후보생이라면 어떻게 반응했겠습니까? 각자의 생각을 말해 봅시다.

각자의 생각을 들어 본다.

성 프란시스코가 상식에 어긋나는 무리한 요구를 한 이유는 분명히 있었다. 프란시스코는 '이 사람에게 순종의 자질이 있는가?'를 알아보고 싶었던 것이다. 순종은 제자가 되기 위한 첫 번째 조건이다.

배울말씀인 사무엘상 15장 1-23절을 읽고 물음에 답해 봅시다.

1. 빈칸을 채워봅시다. 본문의 말씀은 여호와께서 선지자 (사무엘)을 통하여
   (사울왕)에게 하시는 말씀으로 시작됩니다. (1절)

사무엘, 사울왕

사무엘은 사울왕에게 두 가지 사실을 이야기한다. 첫째는 사울이 열방의 왕들과 달
리 하나님에 의해 세워진 왕이라는 사실이다. 따라서 사울은 하나님께서 보내신 선
지자의 말을 들을 의무가 있다. 둘째는 '이제는' 여호와의 말씀을 꼭 들어야 한다는
사실이다. 이전에 사울은 선지자 사무엘의 직무를 침범하여 제사를 드린 불순종의
죄를 범한 적이 있다(삼상 13:8-14). 사울은 그 사건으로 인하여 이스라엘의 왕으로
서 하나님의 일차 시험을 통과하지 못했다. 사무엘은 하나님께서 사울에게 순종에
관한 '재시험'의 기회를 주실 것이라는 사실을 알려 주는 것이다.

2. 하나님께서 잊지 않으시고 기억하신 이스라엘의 역사는 무엇입니까? (2절)

아말렉이 출애굽하는 길에 있던 이스라엘 백성들을 공격한 사건

아말렉 족속은 에서의 손자 아말렉의 후손들이다(창 36:12-16, 대상 1:36). 그들은
유다 남부 광야지역을 거점으로 하여 약탈을 일삼는 호전적인 족속이었다. 아말렉
족속은 이스라엘 민족이 출애굽 직후 르비딤 광야에 이르렀을 때 그들을 공격했다
(출 17:8-16). 그 당시 이스라엘 백성들은 오랜 노예 생활 끝에 해방된 직후여서 아

무런 전투 능력을 갖추지 못한 상태였다(신 25:17-19). 이때 하나님께서 대대로 아말렉과 싸우실 것을 약속하신 적이 있다.

3. 다음의 내용 중 하나님께서 사울 왕에게 내리신 명령이 아닌 것은 무엇입니까? (3절)

> ① 지금 가서 아말렉을 공격하라.
> ② 아말렉 사람들이 가진 것들을 진멸하라.
> ③ 그들이 가진 것들 중 값어치 있는 것들은 나중을 위해서 남겨 두어라.
> ④ 소와 양과 낙타와 나귀들을 모두 죽여 없애 버려라.

하나님께서 사울에게 아말렉을 칠 것을 명령하신 시기는 이스라엘이 여러 측면에서 안정을 이룩했을 때였다(신 25:19). 하나님께서는 사울에게 아말렉에 속한 모든 소유를 진멸하라고 명령하셨다. 그리고 '남기지 말 것'을 강조하셨다. 즉, 이 명령은 동정을 하거나 아까워하지 말고 모두 죽이라는 것이다. 이는 거룩한 하나님의 의롭고 공의로운 심판대로 철저하게 시행하라는 엄숙한 명령이었다.

4. 사울은 하나님의 명령대로 전쟁을 했고 아말렉을 상대로 큰 승리를 거두었습니다. 그런데 전쟁의 과정에서 사울은 하나님께 어느 정도 순종했다고 생각하십니까? (8-9절)

( )	(O)	( )
완전한 불순종	부분만 순종	완전한 순종

본문은 사울이 하나님의 명령에 부분적으로만 순종했다는 것을 보여 준다. 즉 사울은 아말렉 백성들과 가치 없는 짐승들은 하나님의 명령대로 모두 진멸했지만, 앞으로 자신에게 유익을 줄 것 같은 사람(아각 왕)과 짐승은 살려 두었다. 사울이 아각 왕을 살려 둔 이유는 무엇일까? 사울은 아각을 살려 둠으로써 자신의 너그러움을 알리고 자신의 이름을 명예롭게 하려고 한 것으로 추측된다(삼상 15:12, 왕상 20:31-42).

5. 사울이 전쟁에서 이겼음에도 불구하고, 하나님께서는 사무엘에게 사울을 왕으로 세운 것을 후회한다고 하셨습니다. 그 이유는 무엇입니까? (10-11절)

사울이 하나님을 좇지 않고, 하나님의 명령을 이루지 않았기 때문이다.

사울은 사무엘의 제사권을 침해한 사건에 이어, 두 번째 시험에서도 불합격 판정을 받았다. 하나님께서는 사울을 왕으로 세운 것을 후회하셨다. 하나님의 '후회'는 사람들이 하는 것같이 어떤 잘못을 한 후 갖는 뉘우침과는 다른 것이다. 그 '후회'는 죄인의 거역에 대해 하나님의 깊은 슬픔을 표현한 것이다.

6. 전쟁 후 사무엘은 다시 사울을 만났습니다. 그리고 사울이 하나님께 온전하게 순종하지 않은 것을 질책했습니다(14-19절). 그러면서 사무엘은 사울에게 어떤 교훈을 주었습니까? (22절)

순종이 제사보다 낫고 듣는 것이 숫양의 기름보다 낫다.

사무엘의 질책을 받고 사울은 그럴듯한 변명을 했다. 길갈에서 하나님께 제사를 드리기 위해서 양과 소를 남겨두었다는 것이다. 이에 대한 사무엘의 답변은 명쾌했다. 순종이 가장 중요하다는 것이다. 아무리 전쟁에서 이기고 하나님께 멋진 제사를 드리더라도, 하나님께서는 그것들보다 태도, 즉, 순종의 자세를 가장 귀하게 여기신다.

7. 하나님의 명령에 온전히 순종하지 못한 사울의 최후는 어떠합니까? (24-29절)

여호와께서 사울을 버려 이스라엘의 왕이 되지 못하게 하심

결국 오늘의 배울말씀은 비극으로 끝이 난다. 사울은 불순종함으로 하나님께 버림받고 말았다. 만일 사울이 하나님의 말씀에 순종했다면 그의 왕권이 후손에게까지 견고하게 세습될 수 있었을 것이다(삼상 13:13). '버리다'라는 말은 이스라엘 백성들이 다른 나라들처럼 왕을 요구함으로써 하나님을 배척했을 때 하나님께서 친히 사용하셨던 용어이다(삼상 8:7).

 죽기까지 순종하신 예수님

히브리서 11장은 흔히 '믿음의 장'이라고 불립니다. 이 장에는 우리가 마음에 담아두어야 할 믿음의 선배들의 모습들이 그려져 있습니다. 그들의 믿음은 순종으로 드러났습니다. 히브리서 11장을 새번역으로 읽고 이 사실을 확인해 봅시다.

> 1 믿음은 바라는 것들의 확신이요, 보이지 않는 것들의 증거입니다.
> 2 선조들은 이 믿음으로 살았기 때문에 훌륭한 사람으로 증언되었습니다.
> 4 믿음으로 아벨은 가인보다 더 나은 제물을 하나님께 드렸습니다. 이런 제물을 드림으로써 그는 의인이라는 증언을 받았으니, 하나님께서 그의 예물에 대하여 증언하여 주신 것입니다. 그는 죽었지만, 이 믿음으로 말미암아 아직도 말하고 있습니다.
> 6 믿음이 없이는 하나님을 기쁘게 해드릴 수 없습니다. 하나님께 나아가는 사람은, 하나님이 계시다는 것과, 하나님은 자기를 찾는 사람들에게 상을 주시는 분이시라는 것을 믿어야 합니다.

7 믿음으로 노아는, 하나님께서 아직 보이지 않는 일들에 대하여 경고하셨을 때에, 하나님을 경외하고 방주를 마련하여 자기 가족을 구원하였습니다. 이 믿음을 통하여 그는 세상을 단죄하고, 믿음을 따라 얻는 의를 물려받는 상속자가 되었습니다.

8 믿음으로 아브라함은, 부르심을 받았을 때에 순종하고, 장차 자기 몫으로 받을 땅을 향해 나갔습니다. 그런데 그는 어디로 가는지를 알지 못했지만, 떠난 것입니다.

17 아브라함은 시험을 받을 때에, 믿음으로 이삭을 바쳤습니다. 더구나 약속을 받은 그가 그의 외아들을 기꺼이 바치려 했던 것입니다.

24 믿음으로 모세는, 어른이 되었을 때에, 바로 왕의 공주의 아들이라 불리기를 거절하였습니다.

27 믿음으로 그는 왕의 분노를 두려워하지 않고 이집트를 떠났습니다. 그는 보이지 않는 분을 마치 보는 듯이 바라보면서 견디어냈습니다.

30 믿음으로 이레 동안 여리고 성을 돌았더니, 성벽이 무너졌습니다.

31 믿음으로 창녀 라합은 정탐꾼들을 호의로 영접해 주어서, 순종하지 않은 사람들과 함께 망하지 아니하였습니다.

(『새번역』히브리서 11장을 간추린 내용)

1. 믿음의 조상들은 어떠한 모습으로 하나님께 순종하였습니까?

노아는 순종하여 방주를 지었다.

아브라함은 순종하여 길을 떠났다.

아브라함은 순종하여 아들 이삭을 바쳤다.

모세는 순종하여 이집트를 떠났다.

이스라엘은 순종하여 여리고 성을 돌았다.

창녀 라합은 순종하여 정탐꾼들을 숨겨 주었다.

사역자들은 하나님의 명령에 순종해야 한다. 하지만 하나님의 명령에 순종하는 것이 항상 쉬운 것은 아니다. 때로는 하나님의 뜻과 계획이 비합리적이거나 불가능해 보일 때도 있다. 이것은 하나님의 생각이 우리의 생각과 다르며, 하나님의 길이 우리의 길과 다르기 때문이다(이사야 55:8). 따라서 순종을 실천하기 위해서는 하나님의 살아계심과 전지전능하심과 선하심을 믿고 의지해야 한다.

2. 평신도 사역자가 자기 십자가를 지고 예수님을 따르는 순종을 하려면 어떻게 해야 합니까? (눅 9:23)

자기를 부인해야 한다.

'자기를 부인한다'는 것은 '자기 것이 아니라고 함', '자기와는 상관이 없다고 함'을 의미한다. 이 말은 철저한 자기 포기를 의미한다. '자기 십자가를 진다는 것'은 자신에게 지워진 그리스도를 위한 고난의 몫을 감당한다는 것을 의미한다.

3. 예수님은 가장 완벽한 순종의 모범을 보여 주셨습니다. 예수님께서 보여 주신 순종의 극치는 무엇입니까? (빌 2:8)

죽기까지 복종하셨다. 바로 십자가의 죽음이다.

예수님은 하나님께서 명하신 것을 모두 다 행하셨다(요 14:31; 15:10, 히 10:7). 예수님은 자신을 보내신 하나님의 뜻을 행하며 그분의 일을 온전히 이루는 것으로 양식을 삼으신 분이시다(요 4:34). 특별히 빌립보서 2장 5-11절에 나타난 그리스도의 순종은 인간의 몸을 입으시고 낮아지신 것에서 잘 드러난다. 예수님의 순종은 자발적으로 십자가를 지시는 데까지 나아간다. 십자가는 그리스도의 순종을 보여 주는 가장 강력한 예이다.

4. 우리가 가장 우선순위로 순종해야 할 대상은 누구입니까? (행 5:29)

신앙인은 다른 어떤 사람보다 하나님께 순종해야 한다.

사역자들이 가장 먼저 순종해야 하는 대상은 하나님이시다. 그런데 성경을 보면 하나님께 순종하는 것뿐 아니라 사람에게 순종하는 것 또한 간과하지 않음을 발견할 수 있다. 예를 들어, 이스라엘 백성들은 여호수아에게 청종했고(수 1:17), 예수님은 마리아와 요셉에게 순종하셨다(눅 2:51). 또한 바울은 자녀들에게 부모에게 순종할 것과(엡 6:1, 골 3:20), 종들에게 주인에게 순종할 것(엡 6:5, 골 3:22)을 가르쳤다. 그렇다면 우리는 사역의 현장에서 과연 하나님께 대한 순종과 사람에 대한 순종을 잘 분별하여 행할 수 있을까? 사역자들은 하나님께서 질서의 하나님 이신것을 기억해야 한다(고전 14:33). 하나님께서는 사역의 효율성과 질서를 위해 각 영역에서 권위자를 세우셨다. 그러한 의미에서 모든 권위는 하나님으로부터 온다(물론 권위는 '권위주의'와 다른 것이다). 따라서 우리는 하나님께 대한 순종의 표현으로써 사역의 현장에서 만나는 권위자들에게 순종해야 한다. 결국 사역자들이 궁극적으로 순종해야 하는 대상은 하나님이시다.

함께 읽어봅시다   온전히 드리는 삶

하나님의 뜻에 순종할 것인지를 결정하기 위해 하나님의 뜻을 알고 싶어 하는 사람이 많다. 이들은 하나님께 "나는 전후 상황을 다 알고 싶습니다. 그 후에 하나님의 뜻대로 살 것인지 아닌지 결정해서 알려 드리겠습니다."라고 말한다. 그러나 하나님은 우리가 이해하든 이해하지 못하든 조건 없이 전적으로 헌신하기를 바라신다. 우리에게 그렇게 전적인 헌신을 요구하시는 것은 하나님의 약속이 그만큼 확실하기 때문이다. 그분의 약속과 그분의 놀라운 성품으로 우리는 하나님을 의지할 수 있으며 우리 삶에 대한 그분의 뜻을 온전히 신뢰할 수 있다. 하나님은 우리 삶의 전부를 원하신다. 신앙은 한가롭게 천천히 헌신하거나 오늘은 50%, 내년에는 60%, 이렇게 매년 증가시켜 마침내 100%의 헌신을 이루는 것이 아니다. 만일 우리가 "여기까지만 우리 삶을 주관하실 수 있습니다."라는 식으로 명령한다면, 사실상 우리는 그분께 아무것도 드리지 않은 셈이다. 하나님이 우리에게 듣기 원하시는 고백은 "어느 때, 어떤 곳에서도 주님을 의지합니다. 말씀만 하시면 순종하겠습니다."라는 것이다. 하나님이 이 고백을 들으실 때에야 비로소 그분이 우리 삶에 대한 특별한 계획을 가지고 우리를 온전히 인도하실 수 있다.

(플로이드 맥클랑, 「당신의 부르심은 무엇인가?」)

실천하기	움켜쥔 것 내려놓기

1. 순종하는 사역자가 되기 위해서는 움켜쥔 것을 내려놓아야 합니다. 즉 삶에서 이것만큼은 포기할 수 없다는 것을 주님 앞에 내어 놓고 맡겨야 합니다. 주님 앞에서 내려놓지 못한 소유물, 관계, 문제 등은 무엇입니까? 아래의 칸에 적어 봅시다.

> **내가 지금까지 움켜쥐어 온 것**
>
> 예) 내가 움켜쥐고 있는 문제는 바로 자식 문제입니다. 앞으로 우리 아이가 경 쟁 사회에서 살아갈 것을 생각하면 늘 성적이 걱정이 됩니다. 그래서 제가 교회에서 봉사하는 시간이 아까울 때가 많아요.

2. 위에 적은 것을 이 시간 주님 앞에 내려놓으시겠습니까? 이것을 위해 기도합 시다.

각자 하나님 앞에서 다짐하고 기도하는 시간을 갖는다. 아직 공개할 준비가 되지 않은 사람도 있을 것이므로 마음속으로 결심하고 기도하는 시간을 갖도록 한다.

3. 다음의 찬양을 함께 부르며 순종을 결심합시다.

주님 말씀하시면

참고도서 안내

1. 『순종(하나님의 권위 아래서 누리는 보호와 자유)』 존 비비어 (두란노)

2. 『내려놓음(내 인생의 가장 행복한 결심)』 이용규 (규장)

새길말씀 외우기

사무엘이 이르되 여호와께서 번제와 다른 제사를 그의 목소리를 청종하는 것을 좋아하심 같이 좋아하시겠나이까 순종이 제사보다 낫고 듣는 것이 숫양의 기름보다 나으니 (삼상 15:22)

다함께 드리는 기도

1. 오늘 배운 말씀과 내용을 생각하며 다함께 기도하는 시간을 갖도록 합시다.
2. 오늘 참석한 구성원들을 위해서 이름을 불러 가며 중보의 기도를 합시다.
3. 오늘 참석하지 못한 구성원이 있으면 그 사람을 위해 더욱 뜨거운 마음으로 기도합시다.
4. 한 주간의 삶을 통해서 오늘 배우고 익힌 내용들을 삶으로 살아갈 수 있도록 기도합시다.
5. 하나님의 은혜 가운데서 한 주를 살고, 다음 모임 시간에 모두가 모일 수 있도록 기도합시다.

＊사역자로서 이 과를 마치고 난 느낌이나 소감, 다짐 등을 간단하게 말해 봅시다.

다음 모임을 위하여

1. 다음 주에 읽어야 할 성경말씀을 읽고 확인합시다.
2. 7과의 배울말씀인 마태복음 20장 20-28절을 읽고 묵상합시다.

평가항목	세부사항	그렇다	그저 그렇다	아니다
인도자의 준비도	인도자는 본 과의 교육목적을 이룰 수 있도록 충분하게 준비했습니까?			
교육목표의 성취도	1. 학습자들은 자신의 잘못된 선입견과 고정관념을 버리고 순수한 마음으로 주님을 만날 준비가 되었습니까? 2. 학습자들이 예수에 대하여 지식적으로 아는 (know) 단계에서 체험적으로 아는(see) 단계로 발전하고자 결단하게 되었습니까?			
학습자의 참여도	학습자들이 진지하고 적극적인 태도로 성경공부에 임했습니까?			
성경공부의 분위기	성경공부를 하는 동안 학습자들이 편안한 분위기를 느낄 수 있었습니까?			
기타 보완할 점	기타 보완할 점이나 건의사항이 있습니까?			

성경 읽기표

읽을 범위		월일 주일	월일 월요일	월일 화요일	월일 수요일	월일 목요일	월일 금요일	월일 토요일
	구약	주일은 설교말씀 묵상	민 5~8장	민 9~12장	민 13~16장	민 17~20장	민 21~24장	민 25~28장
	신약		막 3장	막 4장	막 5장	막 6장	막 7장	막 8장
확인								

MEMO

섬김의 삶

배울말씀　마태복음 20장 20-28절

도울말씀　창 24:40, 출 10:8-11; 20:3-5, 신 6:13, 수 22:5, 대상 15:2; 28:9,
단 6:16, 시 100:2, 마 6:24; 19:27-28; 20:24; 27:55, 막 9:35,
요 12:26; 13:1-17, 롬 12:11-16; 15:25, 고후 9:1, 엡 6:7, 벧전 4:7-11

새길말씀　인자가 온 것은 섬김을 받으려 함이 아니라 도리어 섬기려 하고 자기 목숨을 많은 사람의
대속물로 주려 함이니라 (마 20:28)

이룰 목표

① 평신도 사역의 본질이 섬김이라는 것을 이해한다.

② 섬기는 자의 자세를 파악한다.

③ 섬김의 삶을 살 것을 결단하여 실천한다.

교육흐름표

10 min	10 min	20 min	20 min	10 min
O.T.	관심	탐구	관점	실천

교육진행표

구분	오리엔테이션	관심갖기	탐구하기	관점바꾸기	실천하기
제목		섬김의 모델, 조덕삼	섬김, 하나님 나라의 출세 길	허리에 수건 두르고 무릎 꿇기	천리 길도 한 걸음부터
내용	환영 및 개요 설명	섬김, 생각해보기	섬김의 방법	말씀 속 섬김	실천계획 세우기
방법	강의	생각 나누기	성경 찾아 답하기	성경 찾아 답하기	작성하기
준비물	출석부		성경책	성경책	
시간(70분)	10분	10분	20분	20분	10분

사역자는 하나님의 일꾼이다. 하나님의 일은 매우 다양하다. 예를 들어, 예배를 준비하고 돕는 일, 가르치는 일, 교회의 지체들을 돌보는 일, 이웃에게 봉사하는 일 등 그 종류를 헤아리기 어렵다. 이처럼 다양한 사역들의 본질은 바로 '섬김'이다. 섬김은 일반적으로 윗사람이나 연장자를 잘 모시어 받드는 것을 의미한다. 성경에서는 주로 하나님께 예배드리는 것, 하나님을 위해 일하는 것, 사람들을 위해 일하는 것을 표현할 때 사용되었다.

구약의 경우 '섬김'은 주로 하나님을 섬기는 것이나 제사장과 레위인들의 직무와 관련되어 사용되었다(출 28:35, 43, 민 3:6; 8:26; 18:2, 신 10:8; 17:12; 18:7, 역대상 15:2; 16:37, 렘 33:21-22). 신약에서 '섬김'은 성도들이 주님을 섬긴다는 표현에(행 13:2), 물질적으로 구제하는 행위에(빌 2:25), 사도적인 일꾼의 개념에 사용되었다(롬 15:16). 또한 이 용어는 교회 안의 직분에(롬 16:1), 성도들의 여러 봉사의 모습에 사용되었다(마 25:44, 행 1:25; 6:4; 20:24, 고후 3:6, 엡 4:12, 골 1:23, 딤전 4:6). 일상적인 생활에서 손님을 대접하는 행위(마 8:15, 눅 8:3; 10:40)를 표현하는 데도 이 단어가 쓰였다.

이처럼 하나님의 일을 한다는 것은 섬김의 자리로 내려감을 의미한다. 그런데 우리는 때때로 하나님의 일을 한다는 명분 아래 더 높은 자리에 오르고, 주목을 받으며, 다른 사람을 지배하려는 유혹을 받기도 한다. 이처럼 출세욕은 인간의 무지와 죄성에 뿌리 깊이 박혀 있다. 오늘 배울말씀인 마태복음 20장 20-28절에서도 인간의 허무한 출세욕을 발견할 수 있다. 어느 날 열두 제자에 속하는 요한과 야고보가 어머니와 함께 예수님께 나아왔다. 그들의 어머니는 주님의 나라에서 자기 아들들이 주님의 양 옆자리를 차지하게 해 달라고 간청했다. 다른 열 명의 제자들은 이 장면을 보면서 분노하고 있었다(그들이 이렇게 분노한 이유는 그들도 은근히 출세를 기대하고 있었기 때문일지도 모른다). 하지만 예수님은 그들의 잘못된 생각을 단호하게 지적해

주신다. 예수님께서 말씀하신 내용은 다음과 같다. '세상의 일꾼들은 더 높은 자리를 차지하고 권력을 행사하려고 애쓴다. 하지만 하나님 나라의 일꾼들은 먼저 섬기는 자가 되고 종이 되어야 한다. 예수님 자신도 섬기고 많은 사람들을 위해 목숨을 주려고 오셨다.'

예수님은 섬김으로 일관된 삶을 사셨다. 그 중 가장 파격적으로 섬김의 본을 보여 주신 사건은 제자들의 발을 씻기신 것이다(요 13:1-17). 예수께서는 제자들의 발을 씻겨 주심으로써 하나님의 일을 할 때는 몸을 낮추고 겸손하게 섬겨야 한다는 것을 보여 주셨다.

그렇다면 사역자는 누구를 섬겨야 하는가? 첫째, 사역자는 성 삼위일체 하나님을 섬겨야 할 의무가 있다(창 24:40, 출 10:8-11, 신 6:13, 마 27:55, 요 12:26). 우리는 마음과 성품을 다하여(수 22:5) 온전한 마음과 기쁜 뜻으로(대상 28:9, 시 100:2, 엡 6:7), 한마음으로 열심을 품고(롬 12:11), 어떤 상황과 형편에서도 항상(단 6:16), 영원히(대상 15:2) 하나님을 섬겨야 한다. 둘째, 사역자는 사람들을 잘 섬겨야 한다(막 9:35, 롬 15:25, 고후 9:1). 사람들을 섬길 때는 높은 데 마음을 두지 말고 도리어 낮은 데 처하며 스스로 지혜 있는 척하지 말아야 한다(롬 12:16). 또한 서로 대접하기를 원망 없이 하고 각각 은사를 받은 대로 선한 청지기 같이 서로 봉사하되 하나님이 공급하시는 힘으로 하는 것같이 해야 한다(벧전 4:7-11).

평신도제자훈련교재
관심갖기   섬김의 모델, 조덕삼

아래의 글을 읽고 질문에 답해 봅시다.

> 전북 김제시 금산면에 금산교회가 있습니다. 108년 역사와 ㄱ자 교회로
> 알려진 금산교회 예배당에는 조덕삼 장로와 이자익 목사의 사진이 있습니
> 다. 이들은 양반과 상놈이라는 봉건적 유교문화를 넘는 감동적인 이야기를
> 만들었습니다. 조덕삼은 지역의 유지였고, 1904년 테이트 선교사를 통해
> 예수를 영접했습니다. 복음을 받아들인 그의 사랑채에서부터 금산교회가
> 시작됐습니다. 이자익은 남해에서 태어나 조실부모했고 17세에 허기진 배
> 를 채우기 위해 고향을 떠나왔다가 조덕삼을 만나 마부로 일하던 머슴이었
> 습니다. 조덕삼은 이자익을 마부로 일하도록 도왔을 뿐 아니라 학업과 신앙
> 생활을 하도록 선처했습니다. 세월이 흘러 금산교회는 장로 장립투표를 하
> 게 되었고 두 사람이 후보에 올랐습니다. 신분의 양극화가 뚜렷했던 시대에
> 주인과 머슴이 경쟁한다는 것은 상상할 수 없는 일이었지만 마부 이자익이
> 장로로 선출되었고 술렁이는 성도들을 향해 조덕삼이 말했습니다. "금산교
> 회 성도들은 참으로 훌륭한 일을 했습니다. 저희 집에서 일하는 이자익 청
> 년은 저보다 신앙의 열정이 대단합니다. 그를 뽑아 주셔서 감사합니다." 조
> 덕삼은 자신의 머슴을 장로로 섬겼을 뿐만 아니라, 그가 평양에서 신학을 공
> 부할 수 있도록 지원하였고 목사안수를 받은 그를 금산교회 담임목사로 청
> 빙하였습니다. 섬김은 곧 장성함이요, 예수님의 마음입니다. "너희 중에 큰
> 자는 너희를 섬기는 자가 되어야 하리라."(마 23:11)
>
> 〈2013. 10. 03 국민일보 겨자씨〉

참 사랑과 진심 어린 섬김은 사람들에게 감동을 줍니다. 주변 사람이나 유명인
중에서 아름다운 섬김을 실천한 사람이 있으면 서로 이야기 나누어 봅시다.

유고슬라비아 출신의 테레사 수녀는 인도의 캘커타에서 평생 빈민들을 섬겼다.
독일인 슈바이처는 세 개의 박사 학위를 가졌음에도 불구하고 적도 아프리카의 선
교사로 파견되어 검은 대륙에서 인술을 펼치며 섬김의 삶을 살았다.
영화배우 오드리 햅번은 유니세프 유엔아동기금 친선대사로서 질병과 기아에 허
덕이는 제 3세계의 아이들을 위해 적극적인 구호 활동을 펼치는 봉사의 삶을 살았
다. 등

본 과의 주제는 '섬김'이다. 관심갖기는 학습자들이 주제에 대해 관심을 갖도록 하
는 것이 목적이다. 위에 제시된 예들은 모두 유명 인사의 이야기이다. 그러나 이
활동은 유명인의 이야기에 제한되지 않는다. 오히려 우리의 삶에서 경험한 주변
인들의 소박한 이야기가 더 큰 감동을 줄 수 있다. 인도자는 학습자들이 돌아가며
1분 정도 자유롭게 이야기할 수 있도록 편안한 분위기를 조성한다.

 섬김, 하나님 나라의 출세 길

배울말씀인 마태복음 20장 20-28절을 읽고 다음 물음에 답해 봅시다.

1. '인사 청탁'이란 권한이나 영향력이 있는 사람에게 승진이나 보직 변경 때 도와
   달라고 부탁하는 것을 뜻합니다. 오늘의 배울말씀은 인사 청탁 사건으로 시작
   됩니다. 이 인사 청탁은 누가 누구에게 한 것입니까? (20절)

   세베대의 아들의 어머니가 예수님께

   세베대의 아들의 어머니는 누구인가? 여기에 나오는 세베대의 아들들은 야고보와
   요한이며, 그들의 어머니는 살로메이다. 마가복음 10장 35절에서는 야고보와 요

한이 예수님께 인사 청탁을 한 것으로 기록되어 있다. 이러한 사실은 나머지 열 제자가 그들에게 분개한 점에서도 드러난다(마 20:24).

2. 세베대의 아들의 어머니가 예수님께 부탁한 내용은 무엇입니까? (21절)

주님의 나라에서 한 아들은 주의 우편에, 다른 아들은 주의 좌편에 앉도록 해 달라는 것

살로메가 원한 것은 아들들이 가장 높은 자리에 오르는 것이었다. 왕의 우편과 좌편 좌석은 왕 다음 가는 영광과 권력의 자리를 의미한다. 사실 이 청탁의 사건이 있기 전에 베드로는 예수님께 "보시다시피 우리가 모든 것을 버리고 주를 좇았습니다. 우리에게 앞으로 주어질 보상은 무엇입니까?"라고 질문을 드린 적이 있다 (마 19:27). 이에 대하여 예수께서는 "나를 따라오는 너희들은 내가 영광의 보좌에 앉는 새 시대에 열두 보좌에 앉아 이스라엘 열두 부족을 심판하게 될 것이다."라고 대답하셨다(마 19:28). 야고보와 요한은 예수님의 이 대답을 기억하면서 이런 요구를 했을 것이다. 이들의 요구는 인간의 출세 욕구를 보여 주는 거울과 같다.

3. 예수께서는 이들의 부탁에 대하여 "너희는 너희가 구하는 것이 무엇인지도 모르고 있다."라고 말씀하셨습니다. 이러한 그들에게 주님은 어떤 질문을 던지셨고, 이 질문의 의미는 무엇입니까? (22-23절)

"내가 마시려는 잔을 너희가 마실 수 있느냐?" 라는 질문이다. 이는 곧 '나와 함께 고난을 받을 수 있느냐?'는 질문이다.

예수께서 언급하신 '잔'은 예수님의 고난과 죽음을 상징한다. 예수님의 제자들은 그 당시 유대인들이 가졌던 전통적인 메시아 사상에서 벗어나지 못했다. 그들은 왕의 왕이 되시는 영광스러운 메시아 상을 기대했지, '수난 받는 메시아'는 상상

도 할 수 없었다. 그러나 예수님을 따르는 삶은 영광과 존귀함으로 가득한 삶이
아니다.

4. 세상의 출세 방식과 하나님 나라의 출세 방식은 완전히 다릅니다. 서로 관계있
   는 것을 찾아 선으로 연결해 봅시다. (25–27절)

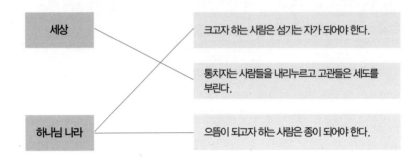

여기서 예수님은 하나님 나라에서의 진정한 위대함이 어떤 것인지에 대해 말씀하
셨다. 하나님을 모르는 세상에서는 세력을 가진 사람들이 쉽게 부패하거나 쉽게
폭군이나 압제자로 변하곤 한다. 그럼에도 불구하고 세상은 그러한 사람들을 위
대하다고 말한다. 그러나 하나님의 나라에서는 지배자(예수님)가 섬기는 종이시
다. 따라서 그 나라에서 위대하다는 말은 예수님의 성품을 따라 다른 사람을 섬기
기 위해 자신을 기꺼이 드리는 사람에게만 해당된다.

5. 다음 문장의 괄호에 공통으로 들어갈 말은 무엇입니까? (28절)

예수님께서 이 땅에 오신 목적

예수님께서는 (   )을 받는 것이 아니라 오히려 (   )을 실천하고,
많은 사람을 위하여 자기 목숨을 몸값으로 치러 주시기 위해서 이 땅에 오셨다.

섬김

예수님의 일생은 섬김의 생애였다. 예수님은 타인을 위해 사셨지 자신의 영광을 위해 살지 않으셨다. 타인을 부요하게 하셨으나 자기를 부하게 하지는 않으셨다. 이러한 삶이 진정으로 위대한 삶이다.

평신도 제자 훈련 교재
관점바꾸기   허리에 수건 두르고 무릎 꿇기

주어진 성경구절을 찾아 읽고 물음에 답해 봅시다.

1. 사역자들은 가장 먼저 누구를 섬겨야 합니까? (신 6:13)

여호와 하나님

성경은 우리가 우상들을 제하여 버리고 하나님을 경외하며 섬길 것을 명령한다(수 24:15). 우리는 하나님을 섬길 때 마음과 성품을 다해야 한다(수 22:5).

2. 사역자들이 섬겨야 할 또 다른 대상은 누구입니까? (막 9:35)

사람들

사역자는 사람들을 잘 섬겨야 한다(롬 15:25, 고후 9:1). 사람들을 섬길 때에는 서로 대접하기를 원망 없이 하고 각각 은사를 받은 대로 선한 청지기같이 서로 봉사하되 하나님의 공급하시는 힘으로 하는 것같이 해야 한다(벧전 4:7-11).

3. 사역자들이 사람들을 섬길 때 가져야 할 자세는 무엇입니까? (롬 12:16)

한마음을 품기, 높은 데 마음을 두지 않고 낮은 데 처하기, 지혜 있는 척하지 않기

사역자들이 사람들을 섬길 때에는 우선 서로가 같은 목적과 생각을 갖도록 노력해야 한다. 또한 자신을 생각함에 있어서 겸손함을 잃지 말아야 한다. 내가 남들보다 뛰어나기 때문에 봉사하는 것이라는 우월의식을 갖지 말아야 한다. 또한 사람을 대할 때는 진중하게 대하면서 온유함을 유지해야 한다.

4. 예수님께서 세상을 떠나시기 전, 사랑하시되 끝까지 사랑하신 제자들에게 섬김의 본을 보여 주시기 위해서 하신 일은 무엇이었습니까? (요 13:14-15)

제자들의 발을 씻겨 주셨다.

예수께서 제자들의 발을 씻기신 사건은 매우 중요한 섬김의 본이 된다. 인도자는 이 사건을 전반적으로 상세하게 이해해야 한다. 새번역 성경으로 이 부분을 다시 한 번 읽어 보자. 또한 학습자들과 함께 다같이 읽어 보도록 하자.

예수님은 제자들의 발을 씻기시기 위하여 허리에 수건을 두르시고 무릎을 꿇으셨다. 사실 이것은 종이 취하는 자세였다. 예수님은 이렇게 종의 자리로 내려가셔서 겸손함의 극치를 보여 주셨다. 제자들은 크게 당황했다. 그러나 예수님은 이 사건을 통하여 섬김에 대한 교훈이 마음 깊게 뿌리내리도록 하셨다. 그런데 더욱 더 놀라운 점이 있다. 그것은 예수님께서 그 당시에 가룟 유다에 의해 팔릴 것이라는 사실을 아시면서도 유다의 발까지 닦아 주신 점이다. 사역자들은 자신을 배반할 제자의 발까지 닦아 주신 예수님의 사랑을 기억하며 겸손하게 마음을 낮춰야 한다.

1 유월절 전에 예수께서는, 자기가 이 세상을 떠나서 아버지께로 가야 할 때가 된 것을 아시고, 세상에 있는 자기의 사람들을 사랑하시되, 끝까지 사랑하셨다.

2 저녁을 먹을 때에, 악마가 이미 시몬 가룟의 아들 유다의 마음 속에 예수를 팔아 넘길 생각을 불어넣었다.

3 예수께서는, 아버지께서 모든 것을 자기 손에 맡기신 것과 자기가 하나님께로 부터 왔다가 하나님께로 돌아간다는 것을 아시고,

4 잡수시던 자리에서 일어나서, 겉옷을 벗고, 수건을 가져다가 허리에 두르셨다.

5 그리고 대야에 물을 담아다가, 제자들의 발을 씻기시고, 그 두른 수건으로 닦아 주셨다.

6 시몬 베드로의 차례가 되었다. 이때에 베드로가 예수께 말하였다. "주님, 주님께서 내 발을 씻기시렵니까?"

7 예수께서 그에게 대답하셨다. "내가 하는 일을 지금은 네가 알지 못하나, 나중에는 알게 될 것이다."

8 베드로가 다시 예수께 말하였다. "아닙니다. 내 발은 절대로 씻기지 못하십니다." 예수께서 그에게 말씀하셨다. "내가 너를 씻기지 아니하면, 너는 나와 상관이 없다."

9 그러자 시몬 베드로는 예수께 이렇게 말하였다. "주님, 내 발뿐만이 아니라, 손과 머리까지도 씻겨 주십시오."

10 예수께서 그에게 말씀하셨다. "이미 목욕한 사람은 온 몸이 깨끗하니, 발밖에는 더 씻을 필요가 없다. 너희는 깨끗하다. 그러나, 다 그런 것은 아니다."

11 예수께서는 자기를 팔아 넘길 사람을 알고 계셨다. 그러므로 "너희가 다 깨끗한 것은 아니다." 하고 말씀하신 것이다.

12 예수께서 제자들의 발을 씻겨주신 뒤에, 옷을 입으시고 식탁에 다시 앉으셔서, 그들에게 말씀하셨다. "내가 너희에게 한 일을 알겠느냐?

13 너희가 나를 선생님 또는 주님이라고 부르는데, 그것은 옳은 말이다. 내가 사실로 그러하다.

14 주이며 선생인 내가 너희의 발을 씻겨 주었으니, 너희도 서로 남의 발을 씻겨 주어야 한다.

15 내가 너희에게 한 것과 같이, 너희도 이렇게 하라고, 내가 본을 보여 준 것이다.
16 내가 진정으로 진정으로 너희에게 말한다. 종이 주인보다 높지 않으며, 보냄을 받은 사람이 보낸 사람보다 높지 않다.
17 너희가 이것을 알고 그대로 하면, 복이 있다."

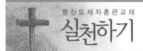

평신도 제자훈련교재
실천하기

천리 길도 한 걸음부터

사역자는 섬기는 사람입니다. 그런데 섬기는 일을 한다는 것이 너무나 거창하게 느껴져서 엄두가 나지 않을 수도 있습니다. 그러나 시작이 반이고, 천리 길도 한 걸음부터 시작하면 됩니다. 이번 한 주간 동안 작은 섬김을 계획하고 실천해 봅시다.

누구를 위해?	지난 주 회사 사무실에 입사한 새내기 OO군
언제?	한 주의 모든 일이 끝나가는 금요일 오후
어디서?	함께 일하는 사무실에서
무엇을?	자판기 커피를
어떻게?	칭찬과 격려의 말을 하면서 전해 준다.

이 시간에 세울 계획은 정말 단순하고 쉬운 것이어야 하고 가능한 한 일회에 끝이 나서 결과를 매듭지을 수 있는 것이 좋다(물론 우리들의 섬김은 평생 지속되어야

하지만). 사역자 교육에 있어서 중요한 점은 학습자들로 하여금 실천하는 사람이 되도록 습관과 체질을 변화시키는 것이다. 그런데 계획이 너무 거창하면 실패할 가능성이 커지고 그렇게 되면 좌절감이 생겨서 오히려 역효과가 날 수 있다. 다음과 같은 수준의 계획이 적절하다.

교회 안에서: 주일학교 어린이들 신발 정리하기
　　　　　　청소년부 교사 모임에 수박 전달하기
　　　　　　목회자 한 명에게 감사와 격려의 문자 메시지 보내기
　　　　　　주일 날 아침에 예배를 위해 중보기도 드리기 등

교회 밖에서: 아파트 경비아저씨에게 음료수 대접하기
　　　　　　집 앞 골목길 쓸기
　　　　　　시어머니, 시아버지, 장인, 장모 중 한 분에게 전화 드리기
　　　　　　동네 놀이터에서 깨진 유리조각과 돌 줍기
　　　　　　예수님을 믿지 않는 이웃의 가정을 위해 중보기도 드리기 등

함께 읽어봅시다　**위를 볼 시간이 없습니다.**

테레사 수녀와 가까이 하던 사람들은 그녀의 순결한 인격에 큰 감동을 받았습니다. 특별히 그녀의 질투 없는 삶은 주변의 많은 사람들에게 큰 도전이 되었습니다. 어느 날 테레사가 한 어린아이의 고름을 만지며 치료하고 있을 때 함께 살고 있던 한 분이 이런 질문을 던졌습니다. "수녀님, 당신은 잘사는 사람이나 편안하게 살아가는 사람 혹은 높은 자리에 사는 사람들을 바라볼 때에 시기심이 생기지 않나요? 당신은 이런 삶에 만족하십니까?" 이러한 질문에 테레사는 유명한 대답을 했습니다. "허리를 굽히고 섬기는 사람에게는 위를 쳐다볼 수 있는 시간이 없습니다."

이동원, 『짧은 이야기 긴 감동 2』

새길말씀 외우기

인자가 온 것은 섬김을 받으려 함이 아니라 도리어 섬기려 하고 자기 목숨을 많은 사람의 대속물로 주려 함이니라 (마 20:28)

다함께 드리는 기도

1. 오늘 배운 말씀과 내용을 생각하며 다함께 기도하는 시간을 갖도록 합시다.
2. 오늘 참석한 구성원들을 위해서 이름을 불러 가며 중보의 기도를 합시다.
3. 오늘 참석하지 못한 구성원이 있으면 그 사람을 위해 더욱 뜨거운 마음으로 기도합시다.
4. 한 주간의 삶을 통해서 오늘 배우고 익힌 내용들을 삶으로 살아갈 수 있도록 기도합시다.
5. 하나님의 은혜 가운데서 한 주를 살고, 다음 모임 시간에 모두가 모일 수 있도록 기도합시다.

*사역자로서 이 과를 마치고 난 느낌이나 소감, 다짐 등을 간단하게 말해 봅시다.

다음 모임을 위하여

1. 다음 주에 읽어야 할 성경말씀을 읽고 확인합시다.
2. 8과의 배울말씀인 사도행전 16장 16-26절을 읽고 묵상합시다.

평신도제자훈련교재
평가하기

평가항목	세부사항	그렇다	그저 그렇다	아니다
인도자의 준비도	인도자는 본 과의 교육목적을 이룰 수 있도록 충분하게 준비했습니까?			
교육목표의 성취도	1. 학습자들은 자신의 잘못된 선입견과 고정관념을 버리고 순수한 마음으로 주님을 만날 준비가 되었습니까? 2. 학습자들이 예수에 대하여 지식적으로 아는(know) 단계에서 체험적으로 아는(see) 단계로 발전하고자 결단하게 되었습니까?			
학습자의 참여도	학습자들이 진지하고 적극적인 태도로 성경공부에 임했습니까?			
성경공부의 분위기	성경공부를 하는 동안 학습자들이 편안한 분위기를 느낄 수 있었습니까?			
기타 보완할 점	기타 보완할 점이나 건의사항이 있습니까?			

성경 읽기표

읽을 범위		월 일 주일	월 일 월요일	월 일 화요일	월 일 수요일	월 일 목요일	월 일 금요일	월 일 토요일
	구약	주일은 설교말씀 묵상	민 29~32장	민 33~36장	신 1~4장	신 5~8장	신 9~12장	신 13~16장
	신약		막 9장	막 10장	막 11장	막 12장	막 13장	막 14장
확인								

고난의 삶

배울말씀 사도행전 16장 16-26절

도울말씀 출 2:23-25, 사 53:4, 삿 2:2-4, 느 9:9, 시 34:19; 119:67, 막 8:31,
롬 2:9; 5:3; 8:17-18, 고전 10:31, 고후 1:5, 마 5:10, 히 2:10,
벧전 2:18-20; 4:13-16; 5:6-10, 딤후 2:3, 약 5:13

새길말씀 내 형제들아 너희가 여러 가지 시험을 당하거든 온전히 기쁘게 여기라 (약 1:2)

이룰 목표

① 사역자의 삶에는 영광뿐만 아니라 고난도 함께 찾아온다는 것을 안다.

② 고난에 대하여 사역자가 어떠한 태도를 가져야 하는지 이해한다.

③ 하나님의 나라를 위해 기꺼이 고난을 감내할 것을 결단한다.

교육흐름표

10 min	20 min	20 min	20 min	20 min
O.T.	관심	탐구	관점	실천

교육진행표

구분	오리엔테이션	관심갖기	탐구하기	관점바꾸기	실천하기
제목		지구촌 고난 리포트	빌립보 감옥 콘서트	사역자가 고난을 만났을 때	십자가지go 나아가go
내용	환영 및 개요 설명	안타까운 소식들	고난을 겪는 믿음의 사람들	고난에 맞서는 태도	고난의 각오
방법	강의	생각 나누기	성경 찾아 답하기	성경 찾아 답하기	찬양하기, 기도하기
준비물	출석부		성경책	성경책	
시간(90분)	10분	20분	20분	20분	20분

　우리가 살아 있는 동안에는 고난이 우리의 삶에 동거한다. 고난이란 우리가 이 세상에서 겪는 괴로움과 어려움을 의미한다. 성경은 히브리어, 헬라어, 그리고 아람어로 기록되어 있다. 원어 성경에는 한글 성경에 '환난'이나 '고난'으로 번역된 용어들이 수십 가지 종류가 된다. 이것만 보아도 고난이 얼마나 다양하며 우리들의 삶에서 얼마나 큰 비중을 차지하는지 알 수 있다.

　고난의 원인은 무엇인가? 성경 전반을 살펴보면, 고난의 원인이 크게 두 가지로 나타난다. 첫째, 인간의 죄에 대한 하나님의 심판 혹은 징벌로 오는 고난이 있다(삿 2:2-4, 롬 2:9). 이 경우 고난의 궁극적인 목적은 죄인에게 괴로움을 주는 것이 아니라 죄인을 구원하는 것이다. 우리는 고난 가운데서 하나님을 찾고, 잘못한 것을 회개하고, 하나님의 뜻을 따르는 데 집중하게 된다(출 2:23-25). 고난은 하나님의 교육 방법 중 하나이다. 둘째, 하나님의 나라를 위해서 자발적으로 감내하는 고난이 있다. 예수님께서 겪으신 고난이 그 대표적인 예이다. 예수님은 죄와 흠이 전혀 없으시지만 우리의 죄를 대신하여 고난 받으셨다(사 53:4, 막 8:31, 히 2:10). 예수님을 따르는 사람 또한 복음을 위하여 그리스도의 고난에 함께 참여하게 된다(벧전 4:15-16). 우리는 종종 예수님을 믿고 하나님 나라를 위해서 일하면 안락하고, 풍성하며, 형통한 삶이 우리에게 다가올 것이라고 기대한다. 이것은 옳다. 하지만 부분적으로만 옳다. 예수님을 따르는 삶을 살면 안락하고, 풍성하며, 형통한 삶과 함께 '고난'이 찾아온다.

　오늘 배울말씀인 사도행전 16장 16-26절의 사건은 사역자들이 당하는 고난, 즉 잘못한 것이 없는데 겪게 되는 고난을 잘 보여 준다. 어느 날 바울과 그의 일행이 기도를 드릴 처소를 향해 걸어가고 있었다. 그때 그들을 향해 소리를 지르는 한 여인이 있었다. 그 여인은 귀신 들린 자로, 점을 쳐서 주인들이 많은 돈을 벌도록 해 주었다. 여인은 "이 사람들은 높으신 하나님의 종들이다. 이 사람들은 구원의 길을 전하러 다닌다!"라고 여러 날 동안 바울의 주변에서 소리를 질렀다. 물론 이 여자의 말이 틀린 것은 아니었지만 바울의 마음은 심히 괴로웠다. 그 이유는 거룩한 복음이 부정한 영에 의해 언급되고 귀신의 지배를 받으면서 악덕 소유주에게 갈취 당하는 여인의 딱한 처지 때문이었다. 결국 바울은 예수 그리스도의 이름으로 귀신을 쫓아냈다. 바울은 옳은 일을 했다. 그런데 바울에게 찾아온 것은 그에 합당한 상이 아니었다. 바울과 실라는 그 여인의 소유주들에게 소송을 당했다. 그 지역 사람들에게 수치를 받았고, 수도 없이 매를 맞았으며, 발에 쇠고랑을 차고 감옥에 갇혔다. 감옥에 갇힌 바울과 실라의 모습은 우리들에게 큰 감동을 준다. 그들은 감옥 안에서도 하나님께 기도와 찬양을 드렸다. 결국 '억울함'으로 대변되는 이 사건은 해피엔딩으로 끝이 난다. 하나님께서 감옥의 문을 여심으로써 당신의 존재와 사랑과 돌보심을 보여 주신 것이다.

불교에서는 세상을 인과응보(因果應報)로 본다. 즉 선한 일을 하면 상을 받고 악한 일을 하면 벌을 받는다는 것이다. 그런데 기독교에서 사역자들의 삶은 인과응보의 관점에서 비켜갈 때가 있다. 사역자들은 하나님 나라를 위해 선한 일들을 해도 어려움과 괴로움을 당할 때가 있다.

성경은 사역자들이 고난을 당할 때 어떻게 처신해야 하는지에 대해 가르쳐 준다. ① 현재 당하는 고난이 내 잘못으로 인한 것인지 아니면 하나님의 영광을 위한 것인지 분별해야 한다(벧전 2:18-20, 시 119:67). 죄로 인한 고난이면 빨리 회개해서 고난에서 탈출해야 한다. ② 지금의 고난이 하나님의 나라와 영광을 위한 것이면 기뻐하면서 그것을 받아들이고 능동적으로 즐겨야 한다(벧전 4:13). ③ 주님을 철저하게 신뢰하고 염려하지 말아야 한다. 주님께서 우리를 돌보시기 때문이다(벧전 5:7). ④ 고난 가운데서 하는 기도는 주님의 긴급 구조를 요청하는 최고의 비결이다(약 5:13).

사역자들이 고난을 당하는 동안 하나님은 무엇을 하시는가? 하나님은 고난 당하는 사람들의 부르짖음을 들으신다(느 9:9). 그리고 의인들을 고난에서 건지신다(시 34:19). 그 과정에서 하나님은 우리를 온전한 사람, 굳건한 사람, 강한 사람, 견고한 사람으로 만들어 가신다(벧전 5:10). 하나님은 고난 가운데 있는 우리들을 위로하신다(고후 1:5). 그러므로 우리는 현재 당하는 고난이 장차 우리에게 나타날 영광과 비교할 수 없음을 알고(롬 8:18) 고난을 견디며 소망 가운데 살아가는 사역자가 되어야 한다.

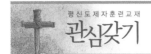
아래의 기사들은 국민일보에 보도된 기사들입니다. 읽고 질문에 답해 봅시다.

아프리카에서의 기독교 탄압

아제르바이잔과 수단, 감비아 등지에서 기독교인에 대한 탄압이 증가하고 있다. 수단 기독교인들은 이슬람을 믿지 않는다는 이유로 아랍계 민병대에 납치돼 노예생활을 해 왔다. 이들은 최근 〈크리스천 국제(CSI)〉의 도움으로 자유를 얻었다. 232명의 딩카족 기독교인들은 다르푸르와 코르도판 등지에서 노예생활을 하면서 갖은 고난과 협박에 시달려왔고, 정신적·육체적 학대를 받았다.

사우디아라비아에서의 기독교 탄압

5개월 전 사우디아라비아에서 한 종교경찰의 딸이 자신의 기독교 신앙을 인터넷에 밝혔다가 처형되었다고 한다. 지난 달에도 인터넷에 자신의 회심을 고백하고 사우디 왕가를 비난한 28살 청년이 체포되었다. 이란에서는 최근 1979년 이후 가장 강력한 가정교회 수색이 이뤄졌다. 아프가니스탄에서는 봉사활동을 하던 여성 기독교인이 전도를 했다는 이유로 처형 당했다. 소말리아에서는 지난해 최소한 10명의 기독교인이 살해 당했고 납치·성폭행 사례도 보고됐다.

북한에서의 기독교 탄압

북한군 장교 출신인 손씨는 1998년에 탈북한 뒤 교인이 됐으며 수감과 탈북, 강제 북송을 반복하며 북한 내 선교활동을 하다 2006년 공개총살형을 언도 받았다. 현재 북한에는 수만에서 10만 명에 달하는 기독교인이 있는 것으로 추정되고 있다. 이들은 비닐로 성경을 싸 뒷마당에 몰래 묻어 두면서까지 신앙을 유지하고 있다. 또 병자나 신앙적 도움이 필요한 사람들에게는 중국 내 선교사들이 휴대전화로 5~10분 간 성경을 읽어 주거나 기도하는 식으로 예배를 진행한다. 북한 당국이 위성위치확인시스템(GPS)으로 통화를 단속하기 때문에 예배는 짧게 이뤄진다. 미 국무부 인권보고서에 따르면 지하교회 교인들은 수용소에 감금당하는 경우가 허다하고 고문 받다 죽기까지 하는 것으로 알려져 있다.

위의 신문기사들을 읽고 기독교인으로서 받는 박해와 고난에 대해 느낀 점이 있으면 이야기해 봅시다.

자유롭게 느낀 점을 발표한다. "요즘에도 기독교 신앙을 가졌다는 이유로 이렇게까지 박해 받는 사람들이 있는 줄 몰랐네요.", "종교의 자유가 있는 이 땅에 태어난 것이 정말 감사해요.", "북한에서는 성경을 숨겨 가면서까지 말씀을 사모하는데, 저의 집에는 성경이 대여섯 권이나 있는데도 그 위에 먼지가 수북해요. 반성합니다." 등의 답이 나올 수 있다.

초대교회의 그리스도인들은 예수님을 믿는다는 이유로 추방 당하고, 협박 당하고, 화형 당하고, 십자가에 못 박혔으며, 짐승의 가죽에 싸여서 개들에 의해 찢겨졌다. 그런데 그리스도인이 당한 고난이 과거에만 있었던 것은 아니다. 위 신문 기사를 통해서 얻을 수 있는 교훈 중 하나는 지금 이 시간에도 지구촌 어딘가에 기독교신앙을 가졌다는 이유만으로 상상을 초월하는 핍박과 고난을 당하는 사람들이 있다는 점이다.

배울말씀인 사도행전 16장 16-26절을 읽고 물음에 답해 봅시다.

1. 바울과 그 일행은 기도 드리러 가는 길에서 누구를 만났습니까? (16절)

점치는 귀신 들린 여종

귀신 들린 여종은 점을 쳐서 사람들의 앞날을 알아맞히고 많은 돈을 벌었다. 그러나 수입금의 대부분이 주인들이 착취했다. 그들은 약자를 불의하게 이용하여 이익을 챙기는 악덕 기업주였다.

2. 여종은 여러 날 동안 바울 일행의 주변을 맴돌며 그들이 하나님의 종이라고 소리를 질러 댔습니다. 그 여종을 위해 바울이 한 일은 무엇입니까? (17-18절)

예수 그리스도의 이름으로 귀신을 쫓아냈다.

귀신 들린 여종은 바울의 일행을 쫓아다니며 그들이 하나님의 보내심을 받은 복음전도자라고 소리 질렀다. 여종의 이러한 행동은 여러 날 동안 계속되었다. 본문은 여종의 행동에 대해 바울이 심히 괴로워했다고 증언한다. 왜 바울은 괴로워했을까? 바울은 여종이 시끄럽게 쫓아다니며 귀찮게 해서 괴로운 것이 아니었다. 첫째, 바울은 거룩한 복음이 부정한 영에 의해 증거되는 것이 불쾌해서 괴로워했다. 둘째, 바울은 귀신 들린 소녀의 딱한 처지가 안타까워서 괴로워했다. 그래서 바울은 여종에게서 귀신을 쫓아냈다.

3. 바울은 하나님의 일꾼으로서 여종에게 좋은(의로운) 일을 했습니다. 다음 중 바울에게 돌아온 대가에 해당되는 것들을 골라서 V표 해 봅시다. (19-24절)

① 여종의 가족에게 극진한 대접을 받았다.
② 소송을 당했고, 억울한 누명까지 뒤집어썼다.
③ 매를 많이 맞았다.
④ 그 지역 주민들에게 칭송을 받았다.
⑤ 발에 묵직한 쇠고랑을 찬 채 감옥에 갇혔다.

②, ③, ⑤번에 V표

여종의 주인인 악덕 업자들은 더 이상 귀신 들린 종을 통해 이윤을 얻을 수 없게 되자 바울과 실라를 잡아 법정으로 끌고 갔다. 그들은 비겁하게도 바울이 소녀에게서 귀신을 쫓아내는 귀한 일을 했다는 사실에 대해서는 한마디도 말하지 않았다. 그들은 바울과 실라가 유대인이라는 점을 내세워 인종적 편견을 부추겼다. 뿐만 아니라 바울과 실라를 로마 제국 안에서 공공 평화를 해치고 좋지 않은 풍속을 전하는 자로 몰아붙였다. 바울과 실라는 수치를 당하고, 모진 매를 많이 맞고, 감옥에 갇혔다. 그들의 양 발에 쇠고랑이 채워지기까지 했다.

4. 만일 당신이 바울과 똑같은 상황에 놓인다면, 당신은 어떤 생각을 하였을까요?

자유롭게 자신의 생각을 이야기한다.
이런 생각들을 할 수 있다. '하나님이 의로우신 분이라면 왜 이 일을 막지 않으셨지?', '내가 로마 시민권을 가지고 있는데 이런 대접을 받다니. 석방만 되면 다 고소할 거야!', '복음은 복된 소식이라는데, 복음을 전할수록 나는 왜 복에서 멀어지는 거야?', '주님, 살려만 주세요. 그럼 더 열심히 주의 일을 할게요.', '돈이나 힘이 있는 교인들이 우리를 좀 빼주면 좋겠는데……' 등 바울의 입장을 생각해 보기 위한 활동이다. 지금 바울은 매우 억울한 상황에 처해 있다. 육체적으로도 큰 고통을 겪었고, 앞일을 예측할 수 없다는 두려움도 있었을 것이다. 여기서 중요한 점은 예수를 믿고 따르는 삶에는 복만 있는 것이 아니라 고난도 함께한다는 점이다. 왜냐하면 하나님의 자녀는 예수 그리스도와 함께 영광을 받기 위하여 고난도 함께 받아야 하기 때문이다(롬 8:17).

5. 하나님의 일을 하다가 고난에 처한 바울과 실라가 한 일은 무엇입니까? (25절)

기도 드리고 하나님을 찬양했다.

바울과 실라는 불평하거나 두려워하거나 낙심하지 않았다. 오히려 그들은 하나님을 신뢰함으로 고난 중에도 기뻐했다(롬 5:3, 약 1:2, 벧전 5:6-7). 이들의 기도 소리와 찬양 소리는 하나님뿐만 아니라 간수들에게도 들렸다. 결과적으로 옥문이 열림으로써 간수들이 바울과 실라가 기도 드리고 찬양한 하나님을 두려워하여 회개하기에 이르렀다.

6. 고난 당하는 하나님의 사역자 바울과 실라가 흔들림 없이 하나님께 기도 드리고 찬양했을 때 어떤 일이 생겼습니까? (26절)

큰 지진이 나서 옥터가 움직였고, 감옥의 문이 다 열렸으며, 사람들의 매인 것이 다 벗어졌다.

하나님은 사역자들이 당하는 고난을 잘 알고 계신다. 하나님께서 자기 백성들의 신음 소리를 들으시기 때문이다(시 34:19). 하나님은 우리가 고난 가운데 있을 때에 다양한 방법으로 위로하신다(고후 1:5). 빌립보 감옥의 문이 열리고 감옥 안의 사람들을 얽맸던 모든 것이 풀리는 기적의 사건은 바울과 실라에게 더할 수 없는 감동과 위로를 주었을 것이다. 왜냐하면 이러한 기적이 바로 하나님께서 고난 가운데 함께하신다는 증거가 되기 때문이다.

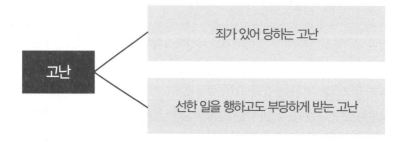

| 고난 | 죄가 있어 당하는 고난 |
| | 선한 일을 행하고도 부당하게 받는 고난 |

사역자가 고난을 만났을 때

1. 고난에는 두 가지 종류가 있습니다. 베드로전서 2장 19-20절을 참고하여 아래
   의 빈칸을 채워 봅시다.

고난에는 두 가지 종류가 있다. 그 중 하나는 죄로 인한 고난이고 다른 하나는 하
나님 나라를 위한 고난이다. 우리는 고난을 만났을 때 그 고난이 두 가지 종류의
고난 중 어떤 쪽에 해당되는지 분별해야 한다. 만일 죄로 인한 고난이라면 그 고난
에서 빨리 탈출하기 위해 노력해야 한다. 그 지름길은 회개와 변화된 삶이다. 종종
우리는 죄의 대가로 찾아온 고난을 십자가를 지는 것으로 착각할 때가 있다. 우리
는 고난의 원인을 정직하게 성찰하고 분별해야 한다. 예를 들어, 과식 습관 때문에
당뇨병에 걸렸다면, 이것은 하나님 나라를 위한 고난이 아니다. 이 경우에는 먹든
지 마시든지 무엇을 하든지 하나님의 영광을 위해서 하지 못한 것을 회개하고 식
습관을 바꿔야 한다(고전 10:31). 그러나 나의 고난이 하나님 나라를 위한 고난이
라면 이것이 복된 고난인 줄 알고 감사해야 한다. 왜냐하면 의를 위하여 박해를 받
은 자들에게 천국이 선물로 주어지기 때문이다(마 5:10).

2. 하나님 나라와 예수님을 위해서 선을 행하다가 고난을 만났을 때 우리의 마음 가짐은 어떠해야 합니까? (벧전 4:13)

이 고난이 그리스도의 고난에 동참하는 것임을 알고 기뻐하며 즐거워해야 한다.

예수 그리스도의 좋은 군사는 고난을 받는다(딤후 2:3). 따라서 우리가 사역을 하다가 (잘못한 것이 없는데도) 고난을 당할 때는 그리스도의 이름을 위한 것이기 때문에 그 고난을 가치 있는 것으로 여기고 기뻐해야 한다.

3. 고난을 당하는 기간이 길어질 때 연약한 우리는 염려하게 됩니다. 그러나 성경은 우리가 염려할 필요가 없다고 말씀하십니다. 그 이유는 무엇입니까? (벧전 5:7)

주님께서 우리들을 돌봐 주시기 때문이다.

'염려'는 여러 가지 걱정이나 고민을 의미한다. 사역자는 염려를 다 주님께 맡겨야 한다. '맡기라'는 원어 성경에서 '던져 버리다'를 뜻하는 용어로 기록되었다. 또한 이 '맡기라'는 말은 명령문으로 표현되었다. 따라서 염려를 주님께 던져 버리듯이 맡기는 것은 선택사항이 아닌 의무사항이다. '돌보심이라'는 말은 주님께서 우리들의 고난에 관심을 갖고 우리가 염려할 때 함께 염려하신다는 것을 의미한다. 그러므로 고난 중에 있는 사역자들은 전능하신 하나님, 우리를 위해 안타까워하시는 하나님의 손에 염려를 던져 버리고 평강을 소유해야 한다.

4. 고난 가운데 있는 사역자를 위해 하나님께서 하시는 일은 무엇입니까? 주어진 성경말씀을 찾아 아래 표의 빈칸을 채워 봅시다.

성경 말씀	하나님께서 하시는 일
느 9:9	고난 당하는 사람의 부르짖음을 들으신다.
시 34:19	의인들을 고난에서 건지신다.
벧전 5:10	고난 당하는 사람을 온전하고, 굳건하고, 강하고, 터를 견고하게 하신다.
고후 1:5	고난 당하는 사람을 위로하신다.

하나님은 고난 당하는 사역자와 함께하신다. 사역자가 느낄 수 없거나 혹은 느껴지지 않더라도 이것은 사실이다. 사역자가 고난 가운데 있을 때 하나님의 관심은 더욱 그들에게 집중된다. 따라서 고난은 하나님을 가까이서 느낄 수 있는 기회이다. 또한 우리는 현재 당하는 고난이 장차 우리에게 나타날 영광과 비교할 수 없다는 것을 기억해야 한다(롬 8:18).

5. 사역자는 고난 당할 때 가장 먼저 무엇을 해야 합니까? (약 5:13)

기도해야 한다.

고난은 주님의 도우심을 요청하는 가장 중요한 행동이다. 고난 중에는 인내하면서 하나님을 소망하며 기도해야 한다. '기도할 것이요'에 해당하는 헬라어 원어에는 우리가 지속적으로 기도해야 한다는 의미가 담겨 있다. 이처럼 그리스도인은 고난에 처했을 때, 불신자들과 전혀 다른 차원의 생각과 행동의 원리를 가져야 한다.

다함께 아래 찬양을 불러 봅시다. 멜로디를 모르면 가사를 천천히 읽어도 좋습니다.

한 사람씩 돌아가며 그리스도의 고난에 동참할 것을 결심하는 기도를 드려 봅시다.

이번 과는 학습자들로 하여금 하나님의 일을 하는 사람에게 여러 가지의 역경이 있을 수 있다는 점을 분명히 알려 주고 준비시키는 데 목적이 있다. 장차 학습자들은 사역의 현장에서 고난을 만날 때 이 사실을 기억하며 당황하지 않게 될 것이다. 따라서 이번 과를 끝내는 과정에서, 학습자들이 사역자로서 고난을 수용하고 바람직한 태도를 갖도록 결단을 내릴 수 있게 돕는 것이 가장 중요하다. 이를 위해서 한 사람씩 돌아가며 하나님께 고백하는 시간을 갖는다.

참고도서 안내

엔도 슈샤쿠의 『침묵』(홍성사)은 "하나님은 고통의 순간에 어디 계시는가?"라는 문제를 17세기 일본의 기독교 박해 생활을 토대로 진지하면서도 생동감 있게 그려 낸다. 예수님을 따르는 사람들이 겪었던 고난의 처절함과 의미에 대해 진지하게 생각할 기회를 준다.

새길말씀 외우기

내 형제들아 너희가 여러 가지 시험을 당하거든 온전히 기쁘게 여기라
(약 1:2)

다함께 드리는 기도

1. 오늘 배운 말씀과 내용을 생각하며 다함께 기도하는 시간을 갖도록 합시다.
2. 오늘 참석한 구성원들을 위해서 이름을 불러 가며 중보의 기도를 합시다.
3. 오늘 참석하지 못한 구성원이 있으면 그 사람을 위해 더욱 뜨거운 마음으로 기도합시다.
4. 한 주간의 삶을 통해서 오늘 배우고 익힌 내용들을 삶으로 살아갈 수 있도록 기도합시다.
5. 하나님의 은혜 가운데서 한 주를 살고, 다음 모임 시간에 모두가 모일 수 있도록 기도합시다.

＊사역자로서 이 과를 마치고 난 느낌이나 소감, 다짐 등을 간단하게 말해 봅시다.

다음 모임을 위하여

1. 다음 주에 읽어야 할 성경말씀을 읽고 확인합시다.
2. 9과의 배울말씀인 마태복음 25장 14-30절을 읽고 묵상합시다.

평신도제자훈련교재
평가하기

평가항목	세부사항	그렇다	그저 그렇다	아니다
인도자의 준비도	인도자는 본 과의 교육목적을 이룰 수 있도록 충분하게 준비했습니까?			
교육목표의 성취도	1. 학습자들은 자신의 잘못된 선입견과 고정관념을 버리고 순수한 마음으로 주님을 만날 준비가 되었습니까? 2. 학습자들이 예수에 대하여 지식적으로 아는 (know) 단계에서 체험적으로 아는(see) 단계로 발전하고자 결단하게 되었습니까?			
학습자의 참여도	학습자들이 진지하고 적극적인 태도로 성경공부에 임했습니까?			
성경공부의 분위기	성경공부를 하는 동안 학습자들이 편안한 분위기를 느낄 수 있었습니까?			
기타 보완할 점	기타 보완할 점이나 건의사항이 있습니까?			

성경 읽기표

읽을 범위		월 일 주일	월 일 월요일	월 일 화요일	월 일 수요일	월 일 목요일	월 일 금요일	월 일 토요일
	구약	주일은 설교말씀 묵상	신 17~20장	신 21~24장	신 25~28장	신 29~34장	수 1~4장	수 5~8장
	신약		막 15장	막 16장	눅 1장	눅 2장	눅 3장	눅 4장
확인								

MEMO

3단원
사역자는 청지기입니다

단원 설명

　3단원은 사역자의 정체성과 관련하여 사역자가 청지기임을 알도록 하는 단원이다. 사역자는 청지기이다. 헬라어로 '오이코노모스'(oikonomos)인 '청지기'의 의미는 가정 일에 대한 관리자, 경영자, 감독, 봉사자를 뜻하는데, 이는 다시 말해 주인이 자신에게 맡겨주신 것을 주인의 뜻과 지시에 따라 관리하고 경영하며 섬기는 봉사자를 의미한다. 청지기직을 충실하게 감당하기 위해서 필요한 의식이 있다면 그것은 바로 주인의식이다. 주인의식은 비록 자신의 것은 아니지만, 자신의 것처럼 여길 수 있는 주관(主觀)을 말한다. 하나님께서 우리에게 맡기셔서 관리하게 하신 것들은 바로 시간, 물질, 그리고 자연이다. 청지기로서의 사역자는 시간의 중요성을 인식해야 한다. 자신에게 주어진 시간을 유용하게 관리하고, 값있게 사용할 때, 질적인 헌신의 삶을 살수 있게 된다. 또한 물질이 만능이 되어버린 세태 속에서 사역자는 물질에 매이지 말고 오히려 물질을 다스릴 줄 알아야 한다. 이는 물질이 사랑의 대상이 아니라 헌신의 삶을 위한 수단이어야 하며, 절제하고 바르게 사용함으로써 청지기로서의 모범을 보여야 한다는 것을 교훈한다. 그리고 그동안 우리가 청지기로서 간과해온 대상이 있다. 바로 자연이다. 자연도 사람과 같이 하나님께서 창조하신 피조물이다. 하나님께서는 사람을 청지기로 위임하시면서 자연을 잘 다스리기를 기대하셨다. 그러나 과학의 발전과 사람의 생활의 편의를 위해 자연이 무참히 짓밟혔고, 그로 인해 사람은 알 수 없는 병과 재해를 고스란히 겪어야 했다. 이제는 이에 대해 반성하고 자연을 아름답게 가꾸고 보존해가는 일이 하나님의 뜻을 이루어가는 일이며, 사역자이면서 동시에 청지기인 이들에게 막중한 책임으로 부과된 일이라는 사실을 잊지 말아야 한다.

9 청지기의 삶

배울말씀 마태복음 25장 14-30절

새길말씀 그 주인이 이르되 잘하였도다 착하고 충성된 종아 네가 적은 일에 충성
하였으매 내가 많은 것을 네게 맡기리니 네 주인의 즐거움에 참여할지어
다 하고 (마 25:21)

이룰 목표

① '주인의식'의 중요성을 안다.

② 청지기가 가져야 할 '주인의식'을 이해한다.

③ '주인의식'을 가진 삶을 실천한다.

교육흐름표

10 min	10 min	10 min	15 min	15 min
O.T.	관심	탐구	관점	실천

교육진행표

구분	오리엔테이션	관심갖기	탐구하기	관점바꾸기	실천하기
제목		주인의식 실험	충성된 청지기의 생각	악한 청지기의 생각	주인의식 갖기
내용	환영 및 단원 개요 설명	청지기의 주인의식	위임과 책임	청지기 의식	선한 청지기를 위한 실천
방법	강의	생각 나누기	성경 찾아 답하기	성경 찾아 답하기	작성하기, 매일 수행하기
준비물	출석부		성경책	성경책	펜, 노트
시간(60분)	10분	10분	10분	15분	15분

청지기(oikonomos, 오이코노모스)는 가정 일을 관리하는 자, 청지기, 경영자, 감독, 봉사자를 의미한다. 이는 자신에게 맡겨진 것을 자기 뜻이 아니라 맡겨준 주인의 뜻과 지시에 따라 관리하고 경영하며 섬기는 봉사자이다. 우리 주님은 지혜롭고 진실한 청지기를 찾으신다(눅 12:42). 그런 청지기는 주인의식을 가진 선한 청지기이다. 그것은 하나님께서 이 세상 모든 만물을 창조하셨고 사람에게 그 모든 것을 맡기셨기 때문이다. 그렇다면 청지기로 산다는 것은 무엇을 의미하는가? 또한 청지기가 지녀야 할 정신은 무엇인가?

첫째, 청지기로 산다는 것은 주인의 의도와 목적을 이해하고 사는 삶을 의미한다. 즉 자신의 의도와 목적이 아닌, 주인의 의도와 목적을 위한 삶이어야 한다는 것이다. 이러한 삶은 단순한 맹종이 아니라 주인 되시는 하나님의 마음과 의도를 이해하고 기꺼이 주인의 뜻에 합당하게 사는 삶을 의미한다. 하나님의 자녀로, 하나님의 동역자로 부르심을 받은 자들은 이제부터 사람의 정욕을 따르지 않고 하나님의 뜻을 따라 남은 인생을 살아가는 것이다(벧전 4:2). 바로 이러한 청지기의 모습이 '선한 청지기'의 모습이다(벧전 4:10). 둘째, 청지기로 산다는 것은 삶의 태도와 방식에 있어서 하나님의 것을 따르는 삶을 의미한다. 성부, 성자, 성령의 하나님으로 존재하시는 하나님께서는 스스로 관계 속에서 존재하신다. 이러한 하나님의 존재방식에서 우리가 본을 받고 실천해야 하는 모습은 나와 관계하는 모든 이들과 관계함에 있어서 사랑을 토대로 돌보고 관심을 갖는 것이다. 셋째, 청지기는 '주인의식'을 가져야 한다. 이는 자기의 것이 아닌 것을 마치 자기의 것처럼 생각하고 아끼고 관리하는 정신을 말하는데, 이는 주인과 종 사이에 철저한 신뢰 관계가 바탕이 될 때 생긴다. 그리고 그러한 바탕 위에서 자신의 달란트를 잘 활용할 수 있어야 한다. 배울말씀에 보면, 먼 나라로 출타하는 주인이 각각의 종들에게 그들의 재능에 따라 금전을 맡긴다. 다섯 달란트와 두 달란트를 받은 종은 즉시 가서 장사를 했지만, 한 달란트를 받은 종은 장사를 하지 않았고 주인과 자신에게 이익이 될 만한 그 어떤 다른 행동도 하지 않았다. 단지 한 달란트 받은 종은 땅을 파서 주인의 돈을 감추어 두었을 뿐이다. 이것이 주인의 마음을 분노케 한 가장 큰 이유가 되었다. 주인은 이윤을 남기는 종을 원했던 것이 아니라 비록 실패를 하더라도 주인이 맡겨준 책임에 대해 '착하고 충성된' 모습을 보기 원했기 때문이다. 성서가 말하는 '착하고 충성된' 종은 성과보다 동기에 집중하는 사람이다. 자기 자신의 가치를 깨닫고 헌신하는 사람이다. 주인이 원한 '착하고 충성된 종'은 의미적으로 볼 때 '주인의식'이 있는 청지기라고 할 수 있다. 주인은 재물보다 사람을 얻기 원했기 때문이다.

  본 과의 목적은 사역자를 위한 훈련과정에 있는 이들로 하여금 이러한 청지기의 정체성을 심어주고 또한 확인하게 하는 데 있다. 이를 위해 첫째, 배울말씀을 통해 청지기가 누구인지 알게 하고, 둘째, 청지기로서의 삶의 모습 속에서 주인의식이 무엇을 의미하는지를 깨닫게 하며, 셋째, 구체적으로 사역자들의 삶 속에서 주인의식을 지닌 청지기의 삶을 실천하게 하도록 한다.

평신도 제자 훈련 교재
관심갖기   주인의식 실험

어느 과학자가 책임의식에 대해 알아보기 위해서 한 가지 실험을 했습니다. 아래의 이야기는 그 실험의 결과입니다. 이야기를 읽고 질문에 답해 봅시다.

상황 1	상황 2
한 청년이 해변에서 일광욕을 즐기고 있다가 휴가객 바로 옆에서 녹음기를 틀어놓고 바닷물에 뛰어든다. 그런 다음 도둑 역할을 맡은 사람이 녹음기와 옷가지 등 그 청년의 소지품을 챙겨 슬그머니 달아난다.	한 청년이 해변에서 일광욕을 즐기고 있다가 바닷물로 뛰어 들어가기 전에 옆에 있는 휴가객에게 "제 물건 좀 봐 주세요."라고 직접 부탁을 한 후 바닷물에 뛰어든다. 그런 다음 도둑 역할을 맡은 사람이 녹음기와 옷가지 등 그 청년의 소지품을 챙겨 슬그머니 달아난다.
결과	**결과**
이렇게 20회의 실험을 한 결과, 도둑을 잡으려고 한 휴가객은 단 4명이었다.	이렇게 20회의 실험을 한 결과, 위험을 무릅쓰며 도둑을 잡으려고 한 휴가객은 무려 19명이었다.

위와 같이 비슷한 실험에서 전혀 다른 결과가 나타난 이유는 무엇이라고 생각합니까?

주인의식 유무의 차이

미국 심리학자 로버트 치알디니 박사는 이것을 '일관성의 원리'로 해석했다. 직접적으로 물건을 지켜봐 달라는 부탁을 받고 지켜주겠다고 약속을 한 사람은 자신의 말에 일관성을 유지하기 위해 애쓰게 된다는 것이다. 자신이 여러 명의 무리 중의 한 명, 또는 주목 받지 못하는 방관자로 취급받을 때 의식적이든 무의식적이든 최선을 다하지 않게 된다. 하지만 자신에게만 책임이 주어졌을 경우나 어떤 일을 하겠다고 약속을 한 경우에는 위험까지 감수하면서 책임감 있는 행동을 하게 된다. 주인의식도 마찬가지이다. 나에게 책임이 있다는 사실을 인식하고 있는 사람은 그렇지 않은 사람과 결코 같을 수 없다.

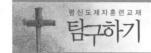

배울말씀인 마태복음 25장 14-30절을 읽고 물음에 답해 봅시다.

1. 타국에 가는 주인이 자기 종에게 자기 소유를 맡길 수 있었던 이유는 무엇일까
   요? (15, 21절)

   종들을 신뢰했기 때문에

   15절에 보면 주인은 종들의 재능을 알고 있었고, 21절에 보면 종들에 대한 기본적
   인 신뢰가 있었음을 알 수 있다. 주인은 종들에게 조금이라도 더 좋은 것, 더 큰 것
   을 맡기려는 기대를 가지고 있었음을 엿볼 수 있다.

2. 주인이 종들에게 각각 다섯 달란트, 두 달란트, 한 달란트를 맡긴 기준은 무엇
   이었습니까? (15절)

   각각 그 재능대로 (능력에 맞게)

3. 다섯 달란트, 두 달란트를 받은 종은 언제부터 장사하기 시작했습니까?
   (16-17절)

   다섯 달란트 받은 종: 바로 가서, 받은 즉시
   두 달란트 받은 종: 그와 같이 하여, 받은 즉시

4. 주인이 돌아와 결산했을 때 다섯 달란트와 두 달란트 받은 종이 주인에게 들었던 평가는 무엇입니까? (21절)

그 주인이 이르되 잘하였도다 착하고 충성된 종아 네가 적은 일에 충성하였으매 내가 많은 것을 네게 맡기리니 네 주인의 즐거움에 참여할지어다

'착하고 충성된 종'이라는 구절에서 '착한'이라는 말은 단순히 성품이 좋다는 의미를 넘어 '유용한, 이로운, 좋은, 즐거운, 기분 좋은, 기쁜, 행복한, 우수한, 정직한, 명예로운' 등의 의미를 가지고 있다. 또한 이 말은 합목적성과 적합성을 나타낸다. '충성된'이라는 말은 '믿을 만한, 신뢰할 수 있는, 확신하는, 진실한, 충성스런' 등의 의미를 가지고 있다. 즉 '착하고 충성된 종'은 단순한 일꾼이 아니라 주인의 마음을 주의 깊게 헤아려서 자신에게 맡겨진 모든 일을 자기 자신을 위한 일인듯 하는 사람, '주인의식'을 가지고 주인의 마음을 흡족케 하는 태도와 생활을 가진 사람을 가리킨다.

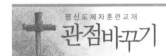

평신도제자훈련교재
관점바꾸기   악한 청지기의 생각

배울말씀인 마태복음 25장 14-30절을 다시 읽고 물음에 답해 봅시다.

1. 한 달란트를 받은 자가 장사하지 않고 주인의 돈을 땅에 감춰 둔 이유가 무엇이라고 생각합니까?

① 주인이 돌아올 때까지 장사할 시간이 없었다.
② 주인의 능력이 대단해서 특별히 일을 하지 않아도 될 것이라고 생각하고 있었다.

③ 장사하는 것보다 가지고 있는 편이 더 유익하다고 생각했다.

④ 다른 종들에 비해 자신이 받은 돈이 적다고 생각했거나, 게을렀거나, 용기가 부족했다.

(④번)

상식적인 차원에서 ④의 이유가 가장 무난한 것으로 보인다. ①의 경우에는 19절에 근거하여 종이 장사할 충분한 시간이 있었고, ②의 경우, 24-25절에서 종이 '주인을 굳은 사람으로 심지 않은 데서 거두고 헤치지 않은 데서 모으는 줄을 내가 알았으므로'라고 한 것은 종의 오해일 수도 있지만 일종의 핑계처럼 들린다. 또한 27절을 염두에 두었을 때, 주인은 종의 생각처럼 아무 일도 하지 않고 돈을 거두는 사람이 아니며 이자를 통해서라도 수입을 거두는 사람이다. ③ 역시 27절을 근거하여 아무 일도 하지 않는 것보다는 이자라도 받는 것이 조금이라도 나은 수익을 올릴 수 있었다는 것을 알 수 있기에 바른 생각이 아니다.

'달란트'는 중량의 단위인 동시에 화폐의 단위였다. 금 1달란트는 은 15달란트의 가치를 지닌다. 은 1달란트는 6,000드라크마(헬라―드라크마=로마―데나리온)인데, 1드라크마는 일반 노동자의 하루 품삯에 해당된다. 당시 일반 노동자가 금 1달란트를 벌려면 근 20년 동안을 일해야 했다고 한다.

오늘날의 노동자 하루 임금으로 계산해 볼 때 금 1달란트는 결코 적은 금액이 아니다. 아마도 종은 혹시라도 장사를 해서 실패할까봐 두려워했거나, 큰 부자인 주인에게 자신이 거둘 작은 소득이 무슨 의미가 있을까 하는 마음에 게으른 행동을 했을 수도 있었을 것이다. 또 그가 다른 종들과 비교해서 실망을 했다면 주인이 종들에게 준 달란트의 양은 각자의 능력에 맞게 측정된 것이므로 달란트의 비유는 금전적인 문제가 아닌 종의 태도와 의식의 문제에 초점을 두고 있다는 사실을 기억해야 한다.

2. 주인이 돌아와 결산했을 때 다섯 달란트와 두 달란트 받은 종이 주인에게 들은 평가는 동일하게 '착하고 충성된 종아 네가 작은 일에 충성했다'는 것이었습니다. 달란트를 받은 세 명 모두가 각자의 일에 충성했다면 가장 작은 일에도 충성한 종은 누가 될까요? (11절)

한 달란트 받은 종

주인이 돌아와 다섯 달란트 남긴 자와 두 달란트 남긴 자에게 동일하게 작은 일에 충성했다고 하는 것으로 보아 한 달란트 받은 자가 충성을 했다면 그의 충성이 더욱 빛났을 것이다. 주인을 위해 작은 일에도 충성할 수 있는 종이기 때문이다. 한 달란트 받은 종에 대한 주인의 기대가 컸던 만큼 그를 향한 분노와 저주 또한 컸다. 한 달란트를 받은 종의 가장 큰 실수는 주인의 마음을 오해한 것이다. 한 달란트 받은 종은 주인을 '굳은 사람'(24절)으로 생각하였고, 주인을 '두려워'(25절)했다. 한 달란트 받은 종은 자신이 받은 한 달란트를 자신의 것으로 여겨 가장 유익한 것으로 만들려는 '주인의식'을 갖지 못하고 결국 남의 것이라는 '방관자의식'을 가졌다.

결코 적지 않은 주인의 재산을 맡은 종이 가진 방관자의식은 그를 '무익한 종(worthless servant)'으로 전락시켰다(30절). 주인이 종들에게 재산을 맡기면서 오랜 시간 동안 기대했던 것은 금전적 유익이 아닌 바로 '주인의식'이었다.

3. 결국 다섯 달란트와 두 달란트를 받은 종과 한 달란트를 받은 종이 주인에게 대조적인 평가와 보상을 받게 된 가장 중요한 차이점은 무엇이라고 할 수 있을까요?

주인의 소유를 맡은 청지기다운 태도나 의식의 차이, 또는 주인의식이 있고 없음의 차이

본문의 주인은 단순히 재산을 증식하는 것을 원한 것이 아니라 자신과 종들의 관계를 중요하게 생각하였다. 그 관계는 신뢰의 관계이고, 헌신의 관계이며, 단순히 시키는 일을 하는 종의 차원을 넘어선 청지기와 위탁자와의 관계라고 할 수 있다. 이런 청지기는 주인의식을 가져야 한다.

실천하기 — 주인의식 갖기

타국에서 돌아온 주인으로부터 "착하고 충성된 종아 네가 적은 일에 충성하였으매 내가 많은 것을 네게 맡기리니 네 주인의 즐거움에 참여할지어다."라는 칭찬을 받은 종들은 자신의 재능에 맞는 달란트가 얼마인지를 알았고, 그 달란트를 주신 주인의 마음을 이해했으며, 달란트를 받은 즉시 가서 장사하여 받은 달란트만큼 남겼습니다. 이것은 비록 그들은 종의 신분이었지만 받은 달란트에 대해서 '주인의식'을 가지고 있었기 때문에 얻은 결과라고 볼 수 있습니다.

오늘의 나는 나의 주인이신 하나님께 어떤 종류의 달란트를 얼마나 받았습니까? 나는 받은 달란트를 주인의 뜻대로 잘 활용하고 있습니까? 자신의 생각을 서로 나누어 봅시다.

각자의 이야기를 나눈다.

이 질문은 정답이 없다. 질문 그대로 자신의 생각을 솔직하게 나누면 된다. 부끄러운 고백을 한다면 서로 위로하고 격려하자. 만일 자신감 있고 모범적인 이야기가 나온다면 칭찬하고 배움의 기회로 삼자.

이제부터 우리도 착하고 충성된 종이 되어 하나님께서 주신 여러 가지 달란트에 대해 주인의식을 가지고 유익을 남기도록 합시다. 한 주일을 지내면서 주인의식을 바탕으로 착하고 충성된 종의 자세로 살기 위한 질문에 답을 해 보고 실천해 봅시다.

1. 나의 달란트 발견하기	2. 주인의 마음 알기	3. 즉시 순종하기	4. 달란트 남기기
하나님께서 나에게 주신 크고 작은 달란트는 무엇인가요?	하나님께서 나에게 달란트를 주신 이유는 무엇일까요?	하나님이 주신 나의 달란트를 어떻게 활용하고 있습니까?	나의 달란트를 활용함으로 어떤 유익이 생길 수 있을까요?
① 영어 실력 ② 가르치는 일 ③	① 비록 나의 영어 실력이 최상급은 아니지만 교회나 주변에서 형편이 어려운 학생들에게 도움을 줄 수 있을 정도는 된다. 하나님은 내가 그들을 섬기기 원하실 것 같다. ② ③	① 나의 뜻과 결심을 목사님께 말씀드리고 작은 모임을 가질 수 있도록 도움을 받거나 유사한 기존 모임이 있으면 참여한다. ② ③	① 학생들을 돌봄 ② 교회와 주님께 덕이 됨 ③ 이웃들을 섬길 수 있는 기회가 됨

새길말씀 외우기

그 주인이 이르되 잘하였도다 착하고 충성된 종아 네가 적은 일에 충성하였
으매 내가 많은 것을 네게 맡기리니 네 주인의 즐거움에 참여할지어다 하고
(마 25:21)

다함께 드리는 기도

1. 오늘 배운 말씀과 내용을 생각하며 다함께 기도하는 시간을 갖도록 합
   시다.
2. 오늘 참석한 구성원들을 위해서 이름을 불러 가며 중보의 기도를 합시다.
3. 오늘 참석하지 못한 구성원이 있으면 그 사람을 위해 더욱 뜨거운 마음
   으로 기도합시다.
4. 한 주간의 삶을 통해서 오늘 배우고 익힌 내용들을 삶으로 살아갈 수 있
   도록 기도합시다.
5. 하나님의 은혜 가운데서 한 주를 살고, 다음 모임 시간에 모두가 모일 수
   있도록 기도합시다.

*사역자로서 이 과를 마치고 난 느낌이나 소감, 다짐 등을 간단하게
 말해 봅시다.

다음 모임을 위하여

1. 다음 주에 읽어야 할 성경말씀을 읽고 확인합시다.
2. 10과의 배울말씀인 에베소서 5장 15-21절을 읽고 묵상합시다.

평가하기

평가항목	세부사항	그렇다	그저 그렇다	아니다
인도자의 준비도	인도자는 본 과의 교육목적을 이룰 수 있도록 충분하게 준비했습니까?			
교육목표의 성취도	1. 학습자들은 자신의 잘못된 선입견과 고정관념을 버리고 순수한 마음으로 주님을 만날 준비가 되었습니까? 2. 학습자들이 예수에 대하여 지식적으로 아는 (know) 단계에서 체험적으로 아는(see) 단계로 발전하고자 결단하게 되었습니까?			
학습자의 참여도	학습자들이 진지하고 적극적인 태도로 성경공부에 임했습니까?			
성경공부의 분위기	성경공부를 하는 동안 학습자들이 편안한 분위기를 느낄 수 있었습니까?			
기타 보완할 점	기타 보완할 점이나 건의사항이 있습니까?			

성경 읽기표

읽을 범위		월 일 주일	월 일 월요일	월 일 화요일	월 일 수요일	월 일 목요일	월 일 금요일	월 일 토요일
	구약	주일은 설교말씀 묵상	수 9~12장	수 13~16장	수 17~20장	수 21~24장	삿 1~4장	삿 5~8장
	신약		눅 5장	눅 6장	눅 7장	눅 8장	눅 9장	눅 10장
확인								

시간의 청지기

배울말씀 에베소서 5장 15-21절
도울말씀 전 3:1-14, 눅 12:45-46, 골 4:5, 시 90:12
새길말씀 세월을 아끼라 때가 악하니라 (엡 5:16)

이룰 목표

① 시간에 대한 성경적인 의미와 시간 관리의 소중함을 깨닫는다.
② 시간의 청지기로서 자기 시간의 우선 순위를 정한다.
③ 하나님의 청지기답게 시간을 사용한다.

교육흐름표

10 min	10 min	20 min	20 min	10 min
O.T.	관심	탐구	관점	실천

교육진행표

구분	오리엔테이션	관심갖기	탐구하기	관점바꾸기	실천하기
제목		나의 일생은	청지기의 시간	청지기의 시간 관리	청지기의 주간 생활계획
내용	환영 및 개요 설명	인생의 시간	세월을 아끼라	시간관리하기	생활계획표
방법	강의	생각 나누기	성경 찾아 답하기	우선순위 살펴보기	작성하기
준비물	출석부		성경책		펜, 노트
시간(70분)	10분	10분	20분	20분	10분

말씀과 주제이해

　현대 사회에서 시간은 물질적인 가치 그 이상의 가치를 지닌다고 해도 과언이 아니다. 많은 사람들이 시간의 중요성을 인식하면서도 정작 잘 관리하여 사용하지는 못한다. 시간에 대한 주인의식이 없기 때문일 수도 있고, 시간에 대해 철저하게 계획을 하지 못하기 때문일 수도 있다. 그리스도인의 삶은 시간의 청지기로서의 삶이다. 이 점을 인식할 때 이러한 문제가 극복되고 성숙한 그리스도인의 삶이 현실화될 것이다. 그렇다면 시간의 청지기는 어떤 사람일까?

　첫째, 시간의 청지기는 시간의 중요성을 아는 사람이다. 성경에서 '시간을 아끼라'는 말이 나오는데, 이는 시간을 돈을 주고 사서 쓰는 마음으로 귀하고 소중하게 다루라는 뜻이다. 사실 시간은 한 번 지나가면 돈을 주고 사려고 해도 살 수 없다. 성경적인 관점에서 지혜로운 자는 세월을 아껴 주의 뜻을 이루는 데에 쓰고 어리석은 자는 시간을 술 취하고 방탕한 데에 허비한다(엡 5:17-18).

　둘째, 시간의 청지기는 하나님의 시간 개념을 이해한다. 하나님의 시간은 막연하게 흘러가는 시간(크로노스-kronos" 고전 16:7, 행 7:17, 히 5:12, 계 2:21)이 아니라 하나님의 정하신 기회와 하나님의 섭리의 때를 말하는 질적인 시간(카이로스-kairos" 눅 19:44, 롬 13:11, 고후 6:2, 갈 6:10, 엡 5:16, 골 4:5, 살전 5:1)이다. 인간은 시간의 한계 안에 사는 존재이기 때문에 시간은 귀하다. 또한 인간에게 유한한 시간은 신앙의 시험 무대이다. 그러므로 하나님의 청지기는 시간에 대해 성경적인 이해를 가지고 주님의 뜻을 이루는 신앙고백적인 삶을 살아가야 한다.

　셋째, 시간의 청지기는 자신의 시간을 효율적으로 관리한다. 지혜 있는 자는 세월을 아낀다. 세월은 누구에게나 공평하게 주어진 하나님의 시간이다. 그러므로 자신에게 주어진 시간을 얼마나 유용하게 관리하고, 값있게 사용하는가에 따라 세월의 질이 달라진다. 시간은 하나님께 받은 가장 소중한 자산이다. 시간을 사용하는 태도에 따라 시간의 덕을 볼 수도 있고 시간이 원망스러울 때도 있을 것이다. 시간의 청지기로서 구체적으로 계획을 짜서 시간을 유용하게 사용한다면 큰 유익이 주어질 것이다(엡 5:18-21).

평신도 제자훈련 교재
관심갖기   나의 일생은

다음의 글을 읽고 주어진 질문에 답해 봅시다.

> 우리나라 국민의 평균 수명은 2001년 76.4세, 2002년 77세, 2003년 77.4세, 2004년 78세, 2005년 78.5세로 연평균 0.5세씩 증가해 왔습니다. 2008년 통계에 의하면 79.1세이며 이런 추세라면 우리 국민의 평균 수명이 곧 80세를 돌파할 것으로 전망됩니다.
>
> 만일 사람이 대략 70년을 산다고 하면 다음의 일을 하면서 보내는 시간은 어느 정도 될까요? 자신이 생각하는 대로 적어 봅시다.
>
> 일하는 시간·------(년   개월)
> 잠자는 시간·------(년   개월)
> 차 타는 시간·------(년   개월)
> TV 보는 시간·------(년   개월)
> 기다리는 시간·------(년   개월)
> 신문 보는 시간·------(년   개월)
> 양치질하고 씻는 시간·------(년   개월)
> 화내는 시간·------(년   개월)
> 거울 보는 시간·------(년   개월)
> 화장실에서 보내는 시간·------(년   개월)
> 웃는 시간·------(년   개월)

위의 표를 보고 어떤 생각을 하게 되었나요?

자유롭게 각자의 생각대로 시간을 적어 보도록 한다. 자신의 일상의 생활을 바탕으로 대략 계산을 해서 적으면 의미가 있겠다. 70년은 날 수로는 25,550일이고, 시간으로는 613,200시간이다. 이러한 질문에 답을 하면서 어떤 사람은 '인생이 허무하다'고 생각하거나 '짧은 인생이니 값지게 더 열심히 살아야겠다'고 생각하거나, '보다 가치 있는 일을 하며 살아야겠다'는 생각 등을 할 것이다. 참고로 한 연구 기관에서 조사한 평균적인 시간 사용은 다음과 같다.

일하는 시간·------ · 26년
잠자는 시간·------ · 23년
차 타는 시간·------ · 6년
TV 보는 시간·------ · 4년
기다리는 시간·------ · 3년
신문 보는 시간·------ · 2년 반
양치질하고 씻는 시간·------ · 2년
화내는 시간·------ · 2년
거울 보는 시간·------ · 1년 반
화장실에서 보내는 시간·------ · 1년
웃는 시간·------ · 88일

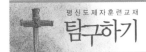

평신도 제자 훈련 교재
탐구하기   청지기의 시간

배울말씀인 에베소서 5장 15-21절을 읽고 주어진 물음에 답해 봅시다.

1. 본문에서 알 수 있는 지혜 있는 자의 특징은 무엇입니까? (15-16절)

세월을 아낌

세월을 아끼지 않는 사람은 게으르다. 게으른 사람이 맞이할 것은 빼앗김과 눈물뿐이다. 그래서 바울은 에베소의 교인들에게 어떻게 행해야 하는지 깊이 생각하여 지혜 있는 자같이 '세월을 아끼라'고 하였다. 세월을 아끼고 시간을 잘 관리하는 것은 지혜를 주시는 성령 충만과 연결된다. 지혜의 요람이라고 할 수 있는 구약성경의 잠언서에서 가장 강조하고 있는 것 중 하나 역시 시간에 대한 교훈이다. "게으른 자여 개미에게 가서 그가 하는 것을 보고 지혜를 얻으라 개미는 두령도 없고 감독자도 없고 통치자도 없으되 먹을 것을 여름 동안에 예비하며 추수 때에 양식을 모으느니라 게으른 자여 네가 어느 때까지 누워 있겠느냐 네가 어느 때에 잠이 깨어 일어나겠느냐 좀더 자자, 좀더 졸자, 손을 모으고 좀더 누워 있자 하면 네 빈궁이 강도 같이 오며 네 곤핍이 군사 같이 이르리라"(잠 6:6-11)

2. 세월을 아껴야 하는 이유는 무엇입니까? (16절)

때가 악하기 때문에

성경에서 언급되고 있는 '세월', '때', '시간'의 의미는 두 가지로 구분된다. 하나는 일반적으로 흘러가는 시간을 말하는 크로노스(kronos": 고전 16:7, 행 7:17, 히 5:12, 계 2:21)이고 다른 하나는 질적인 의미에서의 하나님의 정하신 기회를 말하는 카이로스(kairos": 눅 19:44, 롬 13:11, 고후 6:2, 갈 6:10, 엡 5:16, 골 4:5, 살전 5:1)이다.

특별히 에베소서 5장 15절에서 언급된 세월은 크로노스의 시간으로, '시간에 있어서 결정적인 순간, 하나님께서 구속적인 사랑으로 베풀어 주신 특별한 기회에 대한 인간의 반응을 촉구하는 시간'을 의미한다. 그러므로 그리스도인이 '세월'이나 '시간'을 아낀다는 것은 단순한 자기 관리가 아니라 하나님 시간에 대한 청지기적 사명을 이루는 것이다.

만물은 시간이 지나면 모두 변한다. 이것이 세상의 이치이다. 악한 세상에서는 악한 영향을 더 많이 받게 되는 것이 당연한 일이다. 세월을 방치해 두면 누구든 선한 영향력을 받을 것이라고 기대하기 어렵다. 악한 것은 쉽게 전염되지만 선한 것이 전파되는 것은 쉽지 않다. 그러므로 악한 때에 세월을 아끼라는 것은 시간을 잘 관리하여 선한 영향력을 나타낼 수 있도록 하라는 뜻이다.

3. 세월을 아끼는 사람은 궁극적으로 무엇을 이해하고 있는 것과 같을까요?
   (17절)

주의 뜻

주님의 뜻을 알지 못해도 자신의 목적을 위해서 시간을 아낄 수도 있다. 그러나 성경은 우리의 삶의 목적은 하나님의 뜻을 이루는 데 있다고 말씀하신다. 에베소서에 나타난 주님의 뜻은 여러 가지 은유로 설명된다. 사랑을 입은 자녀같이 하나님을 본받고(1절), 그리스도께서 우리를 사랑하신 것 같이 사랑 가운데서 행하고(2절), 빛의 자녀들 같이 착함과 의로움과 진실함에 있으며(7절), 오직 지혜 있는 자 같이 세월을 아끼는(15절) 사람으로 살아가는 것이다. 이러한 삶을 살아갈 때 그리스도인은 하나님의 아들을 믿는 것과 아는 일에 하나가 되는 온전한 사람으로 이루어져 가고 그리스도의 장성한 분량이 충만한 데까지 이르게 된다(엡 4:13). 주님의 뜻을 이해한다는 것은 세상을 등지고 신앙에만 몰두하는 것이 아니다. 교회와 사회의 공동체 안에서 살아가는 세월(시간) 동안 하나님의 자녀답게, 하나님께서 기쁘시도록 살아가는 것이다.

4. 세월을 아낄 줄 아는 신앙인이 되려면 술 취하고 방탕한 생활을 하는 대신 무엇을 받아야 할까요? (18절)

성령의 충만함

'충만(pleroo—플레로오)'이란 '가득 차게 하다', '풍성하게 하다', 문자적으로 '그물에 꽉 채우다', 상징적으로 '감화, 영향을 주다', '만족하다', '공급하다', '완성하다', '끝까지 채우다', '완벽하게 하다', '실재가 되게 하다'라는 뜻을 가진 말이다.

'성령 충만'이란 일시적이거나 단회적인 감정의 증폭이 아니라 성도들이 하나님께로부터 계속적으로 받아야 할 능력의 근원이다. 성경은 '술에 취하는 것'과 '성령의 충만을 받는 것'을 대조적으로 표현하고 있다. 이것은 술의 힘에 이끌려 어리석은 행동을 하게 되는 술 취한 사람의 예를 통하여 잘못된 신앙생활을 단호하게 분별하려는 것이다.

성령 충만한 사람은 술에 취하여 목적 없이 흔들리며 시간을 보내는 사람이 아니라 하나님께서 공급하시는 성령의 힘에 의지하여 거룩한 삶을 살아가는 데에 전력하는 사람이다. 궁극적 의미에서 성령 충만한 사람은 시간의 소중함을 깨닫게 된다.

평신도 제자 훈련 교 재
관점바꾸기
청지기의 시간 관리

1. 나의 하루일과 살펴보기

아래의 표에 있는 '하루 동안에 하는 일들의 예'에서 다룬 사항들을 중심으로 나의 평소 생활을 되돌아보고 다음의 기준에 따라 나의 일상 생활들을 분류해 봅시다.

1. 중요한 일	
2. 긴급한 일	
3. 중요하지 않은 일	
4. 긴급하지 않은 일	

하루 동안에 하는 일들의 예

일찍 일어나기, 말씀 묵상하기, 가계부 쓰기, 운동, 일기 쓰기, 매일 신문보기, 독서하기, 개인기도하기, 자격증 따기, 찬양 연습, 미용 관리, 성경읽기, 저축하기, 항상 미소 짓기, 독서, 등산, 아이들 등하교시키기, 악기 배우기, 심방하기, 메모하기, 다이어트하기, 컴퓨터 사용, 봉사하기, 과식·과음하기, 자기 전에 씻기, 중보기도하기, 방 정리, 영어공부, 옷 정리, 구역식구 양육하기, 오랫동안 자기, 쓰레기 정리, 예배드리기, 장보기, 물건 정리, 빨래, 약속 지키기, 지인들에게 연락하기, 교회봉사하기, 조깅, 간식 준비, 편지쓰기, 업무 정리, 취미생활, 과제 제출하기, 병문안 가기, TV 드라마 보기, 수화 연습하기, 구역식구 돌보기, 물 많이 먹기, 세차하기, 컴퓨터 포맷, 시험 준비, 인터넷하기, 문상 가기, TV 보기, 전화하기, 드라이브

기타   ①　　　　　　　　　　　　②
　　　　③　　　　　　　　　　　　④
　　　　⑤

각 항목을 4개의 영역 가운데 하나로 선택하는 것에 정답이 있는 것은 아니다. 상식적으로 혹은 일반적으로 분류할 수도 있겠지만 그보다 자신의 생각을 중심으로 분류하는 것이 중요하다. 각자의 생각대로 중요한 일과 중요하지 않은 일, 긴급한 일과 긴급하지 않은 일을 구분해 보도록 한다.

외국 사람들이 한국에 와서 가장 먼저 배우는 말이 '빨리, 빨리'라고 한다. 한국 사람의 하루는 정말로 바쁜 일과로 가득 차 있는 것 같다. 그런데 우리가 시간의 청지기로 살아가려면 그렇게 바쁜 하루 속에 나의 계획과 하나님의 뜻이 얼마나 반영되고 있는지 생각해 볼 수 있어야 한다. 스스로에게 물어보자. '나는 하루 동안에 행하는 나의 일과에 대해서 미리 계획하고 반성하고 있는가?', '나의 하루하루는 의미 있고 후회 없는 시간들로 채워지고 있는가?', '나의 하루 일과 중 하나님과 함께 보내는 시간은 얼마나 되는가?', '의미 있는 일을 하며 살고 있는가?'

'나의 하루일과 살펴보기'의 목적은 나의 일상생활을 잘 살펴보면서 무의미하게 소비하는 시간에 대해 인식하고 의미 있는 삶에 대한 가치를 깨닫고 실천하기를 결단하는 것이다.

2 청지기의 우선순위 정하기

위 1번 항에서 분류한 내용을 아래 우선 순위를 나타내는 표에 적어 봅시다. 자신의 우선 순위에 대해서 서로 이야기 나누어 봅시다.

순위	구분(항목+항목)	내 용
1순위	중요하면서도 긴급한 일 (1+3)	
2순위	중요하지만 긴급하지 않은 일 (1+4)	
3순위	중요하지 않지만 긴급한 일 (2+3)	
4순위	중요하지도 않고 긴급하지도 않은 일 (2+4)	

'나의 하루 일과 살펴보기'에서 분류한 내용들을 구분 방법에 따라 나누어 봄으로써 자신에게 꼭 필요한 일들을 정리해 보는 시간이다. 이것이 완벽한 구분법은 아니지만 자신의 시간을 정리하고 수정해 보는 일이 필요하다. 작성 후에 우선 순위가 어떻게 작성되었는지 함께 이야기해 보아도 좋겠다.

청지기의 주간 생활계획

관점 바꾸기에서 정리한 내용을 바탕으로 일주일 간의 주간 계획표를 작성해 봅시다. 하나님의 시간을 맡은 청지기로서 가장 알차고 의미 있는 생활 계획표를 만드는 것이 목표입니다. 다음 주간에 대한 자신의 생활 계획을 서로 나누어 봅시다. (중요한 것만 기록해도 됩니다.)

	주일	월	화	수	목	금	토
5:00-6:00	묵상과 기도	묵상과 기도	묵상과 기도	묵상과 기도	묵상과 기도	묵상과 기도	묵상과 기도
6:00-7:00							
7:00-8:00							
8:00-9:00							
9:00-10:00							
10:00-11:00			병원봉사				
11:00-12:00	예배						
12:00-1:00							
1:00-2:00							
2:00-3:00							
3:00-4:00							구역식구 돌보기
4:00-5:00							
5:00-6:00							
6:00-7:00							
7:00-8:00			제자훈련				
8:00-9:00							찬양팀 연습
9:00-10:00							
10:00-11:00		영어공부	영어공부	영어공부	영어공부	영어공부	
11:00-12:00							
12:00~							

일주일의 시간계획표를 작성해서 생활하고 있는가? 간혹 직장의 일이나 집안일 때문에 스케줄을 관리하며 생활하는 경우는 더러 있을 것이다. 하지만 우선 순위에 따른 시간계획표를 작성해서 실천하는 것이 중요하다. 특별히 신앙의 청지기로서 하나님과의 관계 안에서 우선 순위를 계획하고 실천하는 것이 더욱 중요하다. 계획을 세워 놓고 실천하지 못했다고 좌절할 필요는 없다. 하나님께서 우리에게 허락하신 시간을 하나님과 동행하며 중요한 일들을 이루고 살려고 하는 청지기적인 자세와 노력을 잊지 않고 견지하는 태도가 중요하다. 가족이나 이웃을 위한 시간 배려도 잊지 말고 성실하게 생활시간표를 작성해 보자.

함께 읽어봅시다

모든 일에는 다 때가 있다. 세상에서 일어나는 일마다 알맞은 때가 있다.
태어날 때가 있고, 죽을 때가 있다. 심을 때가 있고, 뽑을 때가 있다.
죽일 때가 있고, 살릴 때가 있다. 허물 때가 있고, 세울 때가 있다.
울 때가 있고, 웃을 때가 있다. 통곡할 때가 있고, 기뻐 춤출 때가 있다.
돌을 흩어버릴 때가 있고, 모아들일 때가 있다.
껴안을 때가 있고, 껴안는 것을 삼갈 때가 있다.
찾아나설 때가 있고, 포기할 때가 있다. 간직할 때가 있고, 버릴 때가 있다.
찢을 때가 있고, 꿰맬 때가 있다. 말하지 않을 때가 있고, 말할 때가 있다.
사랑할 때가 있고, 미워할 때가 있다. 전쟁을 치를 때가 있고, 평화를 누릴 때가 있다.
사람이 애쓴다고 해서, 이런 일에 무엇을 더 보탤 수 있겠는가?
이제 보니, 이 모든 것은, 하나님이 사람에게 수고하라고 지우신 짐이다.
하나님은 모든 것이 제때에 알맞게 일어나도록 만드셨다.
더욱이, 하나님은 사람들에게 과거와 미래를 생각하는 감각을 주셨다.
그러나 사람은, 하나님이 하신 일을 처음부터 끝까지 다 깨닫지는 못하게 하셨다.
이제 나는 깨닫는다. 기쁘게 사는 것, 살면서 좋은 일을 하는 것,
사람에게 이보다 더 좋은 것이 무엇이랴!
사람이 먹을 수 있고, 마실 수 있고, 하는 일에 만족을 누릴 수 있다면,

이것이야말로 하나님이 주신 은총이다.

이제 나는 알았다. 하나님이 하시는 모든 일은 언제나 한결같다.

거기에다가는 보탤 수도 없고 뺄 수도 없다.

하나님이 이렇게 하시니 사람은 그를 두려워할 수밖에 없다.

(새번역 전도서 3:1-14)

새길말씀 외우기

세월을 아끼라 때가 악하니라 (엡 5:16)

다함께 드리는 기도

1. 오늘 배운 말씀과 내용을 생각하며 다함께 기도하는 시간을 갖도록 합시다.
2. 오늘 참석한 구성원들을 위해서 이름을 불러 가며 중보의 기도를 합시다.
3. 오늘 참석하지 못한 구성원이 있으면 그 사람을 위해 더욱 뜨거운 마음으로 기도합시다.
4. 한 주간의 삶을 통해서 오늘 배우고 익힌 내용들을 삶으로 살아갈 수 있도록 기도합시다.
5. 하나님의 은혜 가운데서 한 주를 살고, 다음 모임 시간에 모두가 모일 수 있도록 기도합시다.

*사역자로서 이 과를 마치고 난 느낌이나 소감, 다짐 등을 간단하게 말해 봅시다.

다음 모임을 위하여

1. 다음 주에 읽어야 할 성경말씀을 읽고 확인합시다.
2. 11과의 배울말씀인 디모데전서 6장 3-10절을 읽고 묵상합시다.

평신도제자훈련교재
평가하기

평가항목	세부사항	그렇다	그저 그렇다	아니다
인도자의 준비도	인도자는 본 과의 교육목적을 이룰 수 있도록 충분하게 준비했습니까?			
교육목표의 성취도	1. 학습자들은 자신의 잘못된 선입견과 고정관념을 버리고 순수한 마음으로 주님을 만날 준비가 되었습니까? 2. 학습자들이 예수에 대하여 지식적으로 아는(know) 단계에서 체험적으로 아는(see) 단계로 발전하고자 결단하게 되었습니까?			
학습자의 참여도	학습자들이 진지하고 적극적인 태도로 성경공부에 임했습니까?			
성경공부의 분위기	성경공부를 하는 동안 학습자들이 편안한 분위기를 느낄 수 있었습니까?			
기타 보완할 점	기타 보완할 점이나 건의사항이 있습니까?			

성경 읽기표

읽을 범위		월 일 주일	월 일 월요일	월 일 화요일	월 일 수요일	월 일 목요일	월 일 금요일	월 일 토요일
	구약	주일은 설교말씀 묵상	삿 9~12장	삿 13~16장	삿 17~21장	룻 1~4장	삼상 1~4장	삼상 5~8장
	신약		눅 11장	눅 12장	눅 13장	눅 14장	눅 15장	눅 16장
확인								

MEMO

11 물질의 청지기

평신도 제자훈련교재

배울말씀　디모데전서 6장 3-10절

도울말씀　마 6:31-34

새길말씀　돈을 사랑함이 일만 악의 뿌리가 되나니 이것을 탐내는 자들은 미혹을 받아
　　　　　믿음에서 떠나 많은 근심으로써 자기를 찔렀도다 (딤전 6:10)

이룰 목표

① 물질을 잘못 사용해서 미치는 악영향을 안다.

② 청지기적 관점에서 물질의 의미와 사용 범위를 이해한다.

③ 우선 순위별로 물질을 사용하는 기준을 세워서 실천한다.

교육흐름표

10 min	10 min	20 min	15 min	15 min
O.T.	관심	탐구	관점	실천

교육진행표

구분	오리엔테이션	관심갖기	탐구하기	관점바꾸기	실천하기
제목		진짜 이야기	청지기 물질관	물질의 우선권	청지기의 물질 관리 십계명
내용	환영 및 개요 설명	물질에 대한 관점	성경적 물질관리	물질에 대한 태도	원칙 세우기
방법	강의	생각 나누기	성경 찾아 답하기	성경 찾아 답하기	작성하기, 수행하기
준비물	출석부		성경책	성경책	펜, 노트
시간(70분)	10분	10분	20분	15분	15분

오늘날 세상에 만연한 물질만능주의적인 사고방식은 인간관계를 깨뜨리고, 목적을 수단화하고, 범법 행위의 발단이 된다. 이러한 세상 속에 살고 있는 그리스도인은 물질 문제에 관해서 분명한 청지기적 의식을 갖고 있어야 한다. 그리스도인이 물질의 청지기가 될 때 하나님께서는 물질의 많고 적음을 떠나 우리를 넘치는 복으로 인도하신다. 물질에 대한 신실한 청지기가 되기 위해선 무엇이 필요할까?

첫째, 물질의 청지기는 물질을 잘못 사용했을 때 일어나는 악영향을 알아야 한다. 우리 안에 그리스도의 말씀과 교훈의 중심이 서 있지 않으면 무지와 교만과 죄로 인해 많은 문제를 일으키게 된다. 하나님의 청지기는 물질에 관한 성경적인 교훈과 진리를 바르게 이해해야 한다. 예수님은 하나님과 재물을 같이 섬길 수 없다고 하셨다(눅 16:13). 예수님의 무덤을 지키던 군병들이 돈을 받고 거짓말을 하였다(마 28:12-15). 마술사 시몬은 돈을 주고 성령을 사려고 했다가 베드로에게 저주를 받았다(행 8:9-20). 하나님의 청지기는 돈을 사랑하지 않는다(딤전 3:3). 돈을 사랑하는 마음은 일만 악의 뿌리가 되고 미혹의 근거가 된다(딤전 6:10).

둘째, 물질의 청지기는 성경적 물질관을 이해해야 한다. 청지기적 물질관을 갖는 데 있어서 가장 중요한 것은 만족함이다(딤전 6:6). 자기 소유가 한정되어 있다는 것을 체념하지 않고 물질을 바르게 사용하는 데서 보람과 가치를 느끼는 것이다. 이것은 물질의 많고 적음의 차원을 초월한다. 그리고 물질을 사용하는 기준은 그리스도의 말씀과 경건이어야 한다(딤전 6:3). 물질을 사용하는 기준이 세상적인 가치관에 근거할 때, 물질 때문에 타락하게 된다. 하지만 정당한 방법으로 물질을 소유한다면, 그것을 하나님께서 허락하셨다는 신앙고백이 있어야 한다. 물질에 대해 청지기적 의식을 가진 성도들은 기꺼이 하나님의 일에 물질을 사용하였다(고후 9:5-13).

셋째, 물질의 청지기는 물질을 사용하는 우선 순위를 결정해서 그것을 실천해야 한다. 무엇보다 최고의 우선 순위는 신앙 고백적인 물질 사용이다(십

일조: 레 27:30). 헌물로 드려지는 물질은 하나님과의 관계 안에 존재하는 최소의 약속으로, 자신의 상징적인 죄 값이자 은혜 받음의 표시이다. 다음은 의무적인 물질 사용이다(납세의무: 롬 13:6-7, 시 37:21). 그리스도인은 국가적 책임을 다해야 한다. 그 어떤 불법적인 소득도 용납될 수 없다. 그 다음은 봉사적인 물질 사용이다(요일 3:17, 잠 28:27, 고전 8:12-15, 행 2:44-47). 이웃을 내 몸과 같이 사랑하고 섬기는 것은 하나님을 향한 사랑의 표현이자 축복의 보증이 된다.

관심갖기   진짜 이야기

아래 이야기를 읽고 질문에 따라 각자의 생각을 나누어 봅시다.

진짜 복권 이야기

복권 열풍 속에 경남 울산의 한 평범한 샐러리맨이 우연히 복권을 샀다가 2등에 당첨돼 3,100만원의 당첨금을 손에 쥐었다. 넉넉지 않은 가정 형편인지라 요긴하게 쓸 수 있는 돈이었다. 하지만 그는 평소 "로또 당첨되면 너 1,000만원 줄게."라고 입버릇처럼 말했던 친구에게 정말로 거금을 쥐어 줬다. 자신보다 더 어려운 친구의 살림살이를 위해서였다. 게다가 나머지 2,100만원은 희귀병으로 고생하고 있는 여자 어린이에게 선뜻 기부했다. 그는 뇌척수염을 앓고 있는 울산에 사는 김 양의 안타까운 소식을 기억하고, 남은 돈 2,100여 만 원을 울산방송에 맡겼다. 재미 삼아 복권을 샀는데 갑자기 '큰 돈(?)'이 손에 들어오니 내 것 같지 않은 생각이 들어 좋은 데 쓰기로 결심했다는 것. "나 같으면 이렇게 하기 어려울 텐데 정말 감사하다." 는 김 양의 어머니. 하지만 그는 한사코 자신의 신분이 노출되는 것을 사양하였다. 그는 비록 허름한 맨션에 사는 소시민이지만 나눔의 정만큼은 누구보다 큰 사람이었다. 그는 스스로 "수십 억 대박 당첨자보다 내가 더 행복할 것입니다."라고 말하며 밝게 웃었다.

진짜 자린고비

　팔순의 세무사가 평생 '자린고비' 생활을 하여 모은 돈 5억 원으로 장학재단을 만들어 가난한 대학생들을 돕고 있다. 그가 자신의 기금 1억 원으로 장학재단을 만든 것은 1991년 12월. 그 후 기금을 3억 원으로 불린 후 최근 2억 원을 추가로 내놓았다. 그 동안 2백 33명의 진주 지역 대학생들이 2억 1천여 만원의 장학금을 받았다.

　그가 장학기금으로 내놓은 돈은 세무사 사무실 수익금을 아껴 모은 것이다. 그는 매달 생활비로 1백여 만원만 부인에게 갖다 주고 2백만~3백여 만원씩 저축을 해 왔다. 그의 검소한 생활은 소문이 자자하다. 그는 10여 명의 직원을 둔, 진주에서 비교적 큰 세무사 사무실을 운영하지만 자가용이 없다. 3㎞를 걸어서 출퇴근한다. 담배도 피우지 않으며 매일 아침마다 세숫물을 변기에 부어 사용하여 물을 아낀다. 큰아들과 함께 살고 있는 그는 자신의 명의로 된 재산이 땅 한 평도 없다. 뿐만 아니라 4년 전에는 시신과 장기를 한 대학교 의과대에 기증했다. 그야말로 '아낌없이 주는 삶'을 살고 있다. 그는 "식구들을 굶기면서까지 거지에게 밥을 주시던 어머니의 모습이 인상 깊었습니다. 나도 어렵게 공부했기에 형편이 어려운 학생들을 돕고 싶었습니다."라고 고백했다.

위 이야기의 주인공은 나름대로 가장 보람 있는 방법으로 돈을 쓰는 사람들입니다. 나는 어떻습니까? 가장 보람 있게 돈을 써 본 경험이 있으면 서로 이야기해 봅시다.

각자의 이야기를 들어 본다.

일부러 꾸미거나 지어낼 필요는 없다. 위의 이야기들처럼 감동적이지 않더라도 자신이 생각하기에 보람이 있었던 기억이 있다면 이야기를 나누어 보도록 한다. 부모님의 수술비를 낸 일, 처음 번 돈으로 은사님을 찾아가 뵈었던 기억, 성탄절 무렵 자선냄비에 남몰래 기부한 사실 등 자신의 경험을 나누어 보자.

배울말씀인 디모데전서 6장 3-10절을 읽고 물음에 답해 봅시다.

1. 바울은 교만해지지 않고 언쟁과 분쟁에 빠지지 않으며 악한 생각에서 벗어나기 위해서 무엇을 따라야 한다고 가르치고 있습니까? (3-4절)

예수 그리스도의 말씀과 경건에 관한 교훈

예수 그리스도의 말씀과 그 말씀을 바탕으로 한 경건한 삶에 대한 교훈은 그리스도인에게 있어서 가장 기본적인 삶의 가르침이다. 이것은 단지 기독 신앙인에게만 국한된 가르침이 아니다. 성경은 세계 최고의 베스트셀러이자 기독교인과 비기독교인 모두에게 있어 귀중한 고전이다.

2. 경건이 더 큰 이익이 되기 위해선 어떤 마음과 함께 있어야 합니까? (6절)

자족하는 마음

'자족(아우타르케이아)'이란 '자기만족', '풍족', '더할 것이나 필요해서 보충할 것이 없는 완전한 삶의 상태', '생필품의 충분함, 마음의 평온이 유지되는 것'을 의미한다(고후 9:8). 이것은 그리스도인의 참된 행복은 단순한 물질적 만족이 아니라 하나님과 올바르게 관계할 때 얻을 수 있다는 것을 의미한다.

3. 성경은 부(富)하려 하는 자들은 시험과 올무와 어리석고 해로운 욕심에 떨어지기 쉽다고 말씀합니다. 이러한 사람들은 결국 어떻게 됩니까? (9절)

파멸과 멸망에 빠지게 됨

이 구절을 역으로 살펴보면, 사람이 파멸하거나 멸망을 당하게 되는 주된 원인 중에 하나는 부해지려는 마음, 곧 잘못된 욕심에 달려 있음을 알게 된다. 돈은 단순히 경제적인 가치를 넘어서 사람들을 미혹시키고 올바른 판단을 막는 원인이 될 수 있다. 더욱이 돈에 대한 올바른 가치관을 가지지 못할 경우, 사람을 파멸시키는 최악의 상황까지 일으킬 수 있다.

4. 무엇이 일만 악의 뿌리가 됩니까? 또 그렇게 되는 이유는 무엇입니까? (10절)

돈을 사랑함 / 미혹을 받아 믿음에서 떠나게 되기 때문에

'돈을 사랑함'이라는 구절에서 '사랑함'이라는 단어는 '~을 잡으려고 애쓰다'는 뜻이다. 곧 이 구절은 '돈에 대한 사랑에 빠지다'라는 것으로, 갈망하는 것을 손에 넣고자 힘쓰는 것을 뜻한다. 이것은 단순히 마음의 유혹을 넘어서 실제적으로 물질을 소유하려고 모든 수단과 방법을 동원하여 실행하는 적극적인 의지를 말한다. 물질에 마음을 두는 것은 생각의 문제를 벗어나 실제적인 행동과 생활에 부정적인 요소가 되어 나타날 수밖에 없다는 사실을 가르쳐 준다.

평신도제자훈련교재
관점바꾸기 **물질의 우선권**

각 질문에 주어진 성경구절을 찾아 읽고 질문에 답해 봅시다.

1. 하나님께서는 재물과 관련하여 당신의 백성에게 어떤 기본적인 원칙을 두고 계십니까? (레 27:30-32)

땅의 곡식이나 나무 열매의 십분의 일은 여호와 하나님의 것이며, 소나 양의 경우에는 목자의 지팡이 아래로 통과하는 것의 열 번째 것마다 하나님의 소유이다.

십일조의 규례는 단순히 구약시대에만 국한된 것이 아니다. 또한 어떤 특정 재물에만 국한된 것도 아니다. 당시에 하나님께서는 농업이나 유목을 통해 소유하게 된 것의 10분의 1을 반드시 하나님께 드려야 하며 그것은 여호와의 성물임을 분명히 하고 있다. 신앙인으로서 십일조는 하나님과의 중요한 약속 중 하나이다. 또한 그 범위에 있어서도 우리가 수입을 거두는 모든 영역 속에서 지켜져야 한다.

2. 성경은 하나님의 일꾼인 그리스도인들에게 조세를 바치는 것에 항상 힘쓰라고 말씀합니다. 조세를 드리거나, 관세를 드리거나, 존경하는 것의 기본적인 자세는 무엇입니까? (롬 13:5-7)

진노 때문에 하는 것이 아니라 양심에 따라 해야 한다.

이 구절을 새번역으로 살펴보면 다음과 같다. '그러므로 진노를 두려워해서만이 아니라, 양심을 생각해서도 복종해야 합니다. 같은 이유로, 여러분은 또한 조세를 바칩니다. 그들은 하나님의 일꾼들로서, 바로 이 일을 하는 데 힘쓰고 있습니다. 여러분은 모든 사람에게 의무를 다하십시오. 조세를 바쳐야 할 이에게는 조세를 바치고, 관세를 바쳐야 할 이에게는 관세를 바치고, 두려워해야 할 이는 두려워하고, 존경해야 할 이는 존경하십시오.(롬 13:5-7)' 기독교인이 양심을 저버리고 이 땅에서의 납세의 의무를 다하지 않는다면 이것은 국가에 대한 의무뿐 아니라 하나님의 일과 영광을 가리는 행위이다.

3. 시편 37편 21절은 재물의 관점에서 악인과 의인을 구분하고 있습니다. 누가 의인이고 누가 악인입니까? (시 37:21)

악인 : 꾸고 갚지 않는 자

의인 : 은혜를 베풀고 주는 자

새번역 성경은 시편 37편 21절을 이렇게 기록하고 있다. '악인은 빌리기만 하고 갚지 않으나, 의인은 은혜를 베풀고 거저 준다'. 참고로 잠언 22장 7절에서는 채무자가 채권자의 실제상의 노예가 된다는 것을 지적한다. 청지기 된 그리스도인은 하나님의 일을 감당하기 위해서 물질의 채무에 얽매이지 않아야 하며 금전 관계가 명쾌하고 부끄러움이 없어야 한다.

4. 성경은 다른 사람의 필요를 채우고 돕는 일에 대해 어떻게 말씀합니까? 주어진 성경 구절을 찾아 빈칸에 들어갈 적절한 단어를 채워 봅시다.

> 요한일서 3:17
> "누가 이 세상 재물을 가지고 형제의 (궁핍함)을 보고도 도와줄 마음을 닫으면 하나님의 사랑이 어찌 그 속에 거하겠느냐"
>
> 잠언 28:27
> "가난한 자를 구제하는 자는 (궁핍)하지 아니 하려니와 못본 체하는 자에게는 (저주)가 크리라"
>
> 누가복음 6:38
> "(주라) 그리하면 너희에게 줄 것이니 곧 후히 되어 누르고 흔들어 넘치도록 하여 너희에게 안겨 주리라 너희의 헤아리는 그 헤아림으로 너희도 헤아림을 도로 받을 것이니라"

성경에서 배울 수 있는 물질 사용의 원리 중에 하나는 여유 있는 자가 부족한 부분을 채우는 것이다(고전 8:12-15). 이것은 의무감에서가 아니라 진정으로 하나님을 사랑하듯 내 이웃과 형제를 사랑하는 마음으로 해야 한다. 이러한 사랑이 믿음 안에서 가능할 때 개인과 교회가 하나님의 놀라운 역사를 체험하게 된다(행 2:44-47).

재물을 모으고 사용하는 일은 단순히 이론의 문제가 아닙니다. 분명한 원칙과 가치관을 갖고 이를 실천하기 위해 노력해야 합니다. 물질에 관련해서 두리뭉실한 생각보다는 분명한 원칙을 가져야 합니다. 이 시간에는 우리 모임의 구성원들이 가져야 할 '청지기의 물질 관리 십계명'을 함께 만들어 봅시다.

(1~5계명은 함께 지켜야 할 원칙을 중심으로 작성하고 6~10계명은 각자가 자신에게 필요한 원칙을 구체적으로 적는 것이 좋습니다.)

청지기의 물질 관리 십계명

제 1 계명 : 하나님의 것을 먼저 구별하라.

제 2 계명 : 물질로 선을 베풀라.

제 3 계명 : 부모님을 위한 예산을 세우라.

제 4 계명 : 지출 계획을 세우라.

제 5 계명 : 미래를 위해 저축하라.

제 6 계명 : 필요와 충동을 구별하라.

제 7 계명 : 저축할 부분을 먼저 떼어 놓고 지출을 하라.

제 8 계명 : 할인 판매 시기를 이용하라.

제 9 계명 : 유행에 둔감하라.

제 10 계명 : 신용카드를 함부로 사용하지 말라.

이 활동에서는 다른 사람들이 놀랄 만한 거창한 이론을 세우는 것이 아니라 내가 실천해야 할 사항들을 적는 것이 중요하다. 1~5번까지는 모두가 지켜야 할 원칙을 함께 작성하고 6~10번은 특별히 내가 실천해야 할 요소들을 구체적으로 기록하도록 하자. 10계명을 작성한 후 내가 지켜야 할 6번 이하의 계명에 대해서 서로 이야기를 나누고 중보기도로 마친다.

읽으면 유익할 책

김동윤, 『부자를 꿈꾸는 청지기』 서울: 생명의 말씀사, 2005.

새길말씀 외우기

돈을 사랑함이 일만 악의 뿌리가 되나니 이것을 탐내는 자들은 미혹을 받아 믿음에서 떠나 많은 근심으로써 자기를 찔렀도다 (딤전 6:10)

다함께 드리는 기도

1. 오늘 배운 말씀과 내용을 생각하며 다함께 기도하는 시간을 갖도록 합시다.
2. 오늘 참석한 구성원들을 위해서 이름을 불러 가며 중보의 기도를 합시다.
3. 오늘 참석하지 못한 구성원이 있으면 그 사람을 위해 더욱 뜨거운 마음으로 기도합시다.
4. 한 주간의 삶을 통해서 오늘 배우고 익힌 내용들을 삶으로 살아갈 수 있도록 기도합시다.
5. 하나님의 은혜 가운데서 한 주를 살고, 다음 모임 시간에 모두가 모일 수 있도록 기도합시다.

*사역자로서 이 과를 마치고 난 느낌이나 소감, 다짐 등을 간단하게 말해 봅시다.

다음 모임을 위하여

1. 다음 주에 읽어야 할 성경말씀을 읽고 확인합시다.
2. 12과의 배울말씀인 창세기 1장 1-31절을 읽고 묵상합시다.

평가항목	세부사항	그렇다	그저 그렇다	아니다
인도자의 준비도	인도자는 본 과의 교육목적을 이룰 수 있도록 충분하게 준비했습니까?			
교육목표의 성취도	1. 학습자들은 자신의 잘못된 선입견과 고정관념을 버리고 순수한 마음으로 주님을 만날 준비가 되었습니까? 2. 학습자들이 예수에 대하여 지식적으로 아는 (know) 단계에서 체험적으로 아는(see) 단계로 발전하고자 결단하게 되었습니까?			
학습자의 참여도	학습자들이 진지하고 적극적인 태도로 성경공부에 임했습니까?			
성경공부의 분위기	성경공부를 하는 동안 학습자들이 편안한 분위기를 느낄 수 있었습니까?			
기타 보완할 점	기타 보완할 점이나 건의사항이 있습니까?			

성경 읽기표

읽을 범위		월 일 주일	월 일 월요일	월 일 화요일	월 일 수요일	월 일 목요일	월 일 금요일	월 일 토요일
	구약	주일은 설교말씀 묵상	삼상 9~12장	삼상 13~16장	삼상 17~20장	삼상 21~24장	삼상 25~28장	삼상 29~31장
	신약		눅 17장	눅 18장	눅 19장	눅 20장	눅 21장	눅 22장
확인								

12 자연의 청지기

평신도 제자훈련교재

배울말씀 창세기 1장 1-31절
도울말씀 시 74:16, 출 31:17, 사 40:26; 45:12, 골 1:16
새길말씀 하나님이 그들에게 복을 주시며 하나님이 그들에게 이르시되 생육하고 번성하여 땅
에 충만하라, 땅을 정복하라, 바다의 물고기와 하늘의 새와 땅에 움직이는 모든 생
물을 다스리라 하시니라 (창 1:28)

이룰 목표

① 자연이 하나님께서 청지기인 우리에게 맡기신 피조물임을 이해할 수 있다.

② 자연의 청지기로서 그 직무에 충실하지 못하였음을 깨달을 수 있다.

③ 하나님께서 맡겨주신 자연을 아름답게 가꾸는 운동을 적극적으로 실천할 수 있다.

교육흐름표

10 min	15 min	15 min	15 min	15 min
O.T.	관심	탐구	관점	실천

교육진행표

구분	오리엔테이션	관심갖기	탐구하기	관점바꾸기	실천하기
제목		6도의 악몽	하나님의 창조	삶 속에 나타나는 창조의 역사	생태적 청지기의 다짐!
내용	환경 및 개요 설명	생태계	창조의 의미	샬롬	환경 돌보기
방법	강의	생각 나누기	성경 찾아 답하기	성찰하기, 생각 나누기	작성하기
준비물	출석부		성경책		
시간(70분)	10분	15분	15분	15분	15분

최근 들어 '생태' 혹은 '생태학'이라는 말을 여러 분야에서 듣는다. 이 말은 그리스어 '오이코스(oikos)', 즉 '가족'이라는 말에서 생겨난 말로, 지구라는 가족 안에 존재하는 모든 구성원들, 즉 살아있는 모든 존재들과 그것들을 둘러싼 모든 조건과 환경들 간의 관계에 관한 연구 또는 학문을 의미한다.

이 생태계가 현재 위기에 처해 있다. 오늘날 우리가 처해 있는 생태적 위기인 지구온난화, 환경오염, 생태계파괴 등은 사람들이 자신의 삶의 질과 수준을 높여가는 데에만 관심을 가짐으로써 초래된 결과이다. 지구온난화로 인해 기후붕괴, 잦아진 거대태풍, 지역에 따른 사막화와 열대현상, 병충해의 증가 현상 등이 일어나고 있으며, 점점 고도화 되는 산업발달로 인해 오염물질이 증가하고, 원인규명이 어려운 환경문제들이 생겨나고 있다. 또한 건강한 생태계를 통해 제공받던 영양소와 유익한 환경을 더 이상 공급 받을 수 없게 되었다. 2000년 세계자연보전연맹에서 보고한 자료에 의하면 이미 조류의 1/8, 포유류의 1/4, 어류의 1/3이 멸종위기 상태에 놓여 있다. 이러한 생태에 관한 문제들이 점점 더 우리의 삶에 깊은 영향을 미치고 있다.

이러한 상황에 이르게 된 원인은 18세기 말 영국의 산업 혁명을 시작으로 급속도로 진행된 물질문명의 추구 때문만은 아니다. 역사학자 린 화이트 (Lynn White, Jr.)는 기독교의 인간 중심의 세계관이 생태계파괴의 근본 원인이 되었다고 주장했다. 그것은 하나님의 형상으로 지음을 받은 사람과 그렇지 않은 다른 피조물을 차별한 것이 이러한 결과를 초래했다는 의미이다. 또한 새길말씀에서 등장하는 동사인 '정복하라'(카바쉬), '다스리라'(라다)를 인간 중심으로 해석하여 오늘날 자연이 사람과 같은 피조물로서 평가되지 못하고 도리어 수단 혹은 도구화 되어 파괴되고 있는 것이 아닌가 지적하고 있는 것이다. 이 구절은 각각의 동사들을 개별적으로 해석 및 적용할 것이 아니라, 생육하고 번성하여 (땅에) 충만하라, (땅을) 정복하라, (바다의 물고기와 하늘의 새와 땅에 움직이는 모든 생물을) 다스리라는 동사들을 '관계' 속에서 이해할 수 있어야 하는 것이다.

　본 과는 이러한 지구적인 정황 속에서 하나님의 백성은 시간과 물질의 청지기일 뿐만 아니라, 자연의 청지기이기도 하다는 데 주목하면서 본 과의 목표로 첫째, 하나님께서 이 세상 속에 허락하신 자연도 청지기인 우리에게 맡기신 피조물임 알게 하고, 둘째, 그동안 우리가 그 역할을 제대로 수행하지 못했다는 것을 깨닫게 하며, 셋째, 이러한 자연에 대한 청지기 의식을 바탕으로 우리의 삶 속에서 구체적으로 아름답게 가꾸는 실천을 하도록 하는 데 있다. 이러한 의식을 가지고 본 과의 새길말씀을 통해 하나님의 창조를 새롭게 살펴보고, 우리에게 맡겨주신 환경을 어떠한 마음가짐과 태도로 아름답게 일구어 가야하는지에 대해 살펴본다.

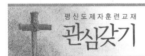

6도의 악몽

6도의 악몽(마크 라이너스 Mark Lynas
저널리스트이자 환경운동가, 영국)

1도 상승 – 만년빙이 사라지거나 사막화가 심화됨
　　　　(식수난, 문제는 핵보유국인 파키스탄
　　　　이라면?)
2도 상승 – 대가뭄과 대홍수가 닥침(향후 50년 내
　　　　/2070년 예상, 온실가스 100 ppm 증
　　　　가 예상, 450ppm은 지구평균온도가
　　　　2도 상승됨을 의미함)
3도 상승 – 지구온난화가 더욱 심화됨(온실가스
　　　　550ppm 예상, 지구평균온도가 3도 상
　　　　승됨을 의미함)
4도 상승 – 해수면 상승, 지구 전역에 수백 만의 수
　　　　재민 발생

5도 상승 – 살아남은 사람들 사이에서 식량과 물을 확보하려는 투쟁이 벌어짐
6도 상승 – 인류를 포함한 모든 동식물들이 멸종하게 된다.

1. 이 책은 저널리스트이자 환경운동가인 영국의 마크 라이너스가 "SIX DE-GREES"라는 제목으로 2007년도에 출판한 책으로, 이듬해 한국어로 번역되었습니다. 이 책은 지구온난화가 실제로 세계 곳곳에서 벌어지고 있고, 또 앞으로 벌어질 수 있는 상황을 보여주는데, 지구의 평균기온이 2도만 올라가도 우리가 사는 세상이 지옥이 될 수 있다고 이야기합니다. 이 책에서 소개하는 바와 같이 지구의 평균온도가 1도씩 높아지면 어떤 일이 일어나는 지 살펴보고 서로 느낀 점을 이야기해 봅시다.

   지구온난화의 주범은 온실가스이다. 사람이 살아가면서 만들어 내는 6대 온실가스는 아래와 같다.

2. 우리의 삶 속에서 어떻게 하면 아래와 같은 온실가스를 줄여나갈 수 있을지 함께 논의해 봅시다.

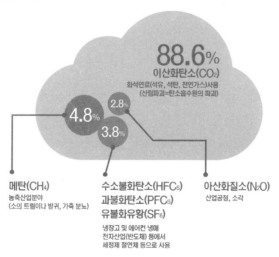

창세기 1장 1-31절을 읽고 다음 질문에 답해 봅시다.

1. 하나님께서 천지를 창조하셨습니다. 6일 동안 어떤 일을 하셨는지 1장 전체를
   통해 아래 빈칸을 채워 봅시다.

	구절	하신 일
첫째 날	1:1-5	(빛)
둘째 날	1:6-8	(하늘)
셋째 날	1:9-13	(땅), 바다, 식물
넷째 날	1:14-19	(광명체), 별
다섯째 날	1:20-23	(물고기), 새
여섯째 날	1:24-31	짐승, (사람)

2. 하나님께서 사람을 제외한 이 땅에 살아 있는 생물들, 즉 식물, 물속 생물, 모
   든 새들, 땅 위의 생물들을 어떻게 창조하셨다고 했는지 아래 구절에서 찾아보
   고 그것이 어떤 의미인지 이야기해 봅시다.

창 1:11	하나님이 이르시되 땅은 풀과 씨 맺는 채소와 각기 (종류대로) 씨 가진 열매 맺는 나무를 내라 하시니 그대로 되어
창 1:21	하나님이 큰 바다 짐승들과 물에서 번성하여 움직이는 모든 생물을 그 (종류대로), 날개 있는 모든 새를 그 (종류대로) 창조하시니 하나님이 보시기에 좋았더라
창 1:24	하나님이 이르시되 땅은 생물을 그 (종류대로) 내되 가축과 기는 것과 땅의 짐승을 종류대로 내라 하시니 그대로 되니라

이 땅에 존재하는 모든 식물, 동물은 처음부터 그 다양한 존재대로 창조되었다.

3. 하나님께서는 여섯째 날에 사람을 지으실 때, '자기 형상 곧 하나님의 형상대로' 사람을 창조하셨다고 말씀하셨습니다. 여기에서 하나님의 형상은 무엇을 의미하는지 이야기해 봅시다.

하나님의 형상과 관련하여 우리는 정확하게 '이것이 정답이다.' 라고 말할 수 없다. 그러나 하나님의 존재방식 혹은 말씀을 통해 보이시는 그의 성격 속에서 예측을 할 수는 있다. 이를 테면, 영이신 하나님이시며 삼위일체로 존재하는 하나님의 이미지는 영적이고 관계적인 것과 연관되고, 모든 것을 알고 계신 하나님께서는 지적이시면서 또한 거룩하고 공의의 하나님이시기에 윤리적인 이미지도 그 형상이라고 말할 수 있을 것이다. 그러므로 하나님의 형상대로 지음을 받은 사람은 정말 귀한 존재임에 틀림없다.

4. 자연에 대한 기독교인의 태도에 있어서 아래에 있는 구절 중 밑줄 그은 말들은 사람들로 하여금 적지 않은 오해를 샀습니다. 자세히 읽어보고 이에 대해 여러분의 생각을 나누어 봅시다.

- 창 1:26 "하나님이 이르시되 우리의 형상을 따라 우리의 모양대로 우리가 사람을 만들고 그들로 바다의 물고기와 하늘의 새와 가축과 온 땅과 땅에 기는 모든 것을 <u>다스리게</u> 하자 하시고"

- 창 1:28 "하나님이 그들에게 복을 주시며 하나님이 그들에게 이르시되 생육하고 번성하여 땅에 충만하라, 땅을 <u>정복하라</u>, 바다의 물고기와 하늘의 새와 땅에 움직이는 모든 생물을 <u>다스리라</u> 하시니라."

서로의 생각을 들어 본다.
이 단어들은 하나의 동사로만 해석하기보다 다른 동사들과의 연관 속에서 이해해야 한다. 수단과 도구적 대상으로서 정복하여 다스리는 것이 아니라 생육하고 번성하게, 그리고 충만하게 하기 위해 정복하고 다스리는 관점으로 이해하자.

평신도제자훈련교재
관점바꾸기   삶 속에 나타나는 창조의 역사

하나님께서 창조하신 이야기와 그 의미들을 생각해보고 다음 질문들에 답해 봅시다.

1. 이 땅에 각양각색의 생물들을 지으시고 사람으로 하여금 다스리게 하신 하나님의 뜻은 무엇일까요?

생물을 도구나 수단으로 삼아 인간의 삶의 편의를 위해 이용하는 것이 아니라, 다양함과 풍성함 속에서 하나님의 놀라운 창조의 능력을 깨달으며 더불어 살아가게 하기 위함

2. 사람은 불순종과 그로 인해 잉태된 죄악으로 인해 처음 지음 받았을 때의 하나님의 형상을 상실하고 말았습니다. 그러나 우리는 예수 그리스도의 구속함으로 인해 하나님의 형상을 회복하는 데에 일말의 빛을 만났습니다. 이것은 큰 은혜가 아닐 수 없습니다. 여러분이 예수 그리스도를 만남으로 하나님의 형상으로 변화된 점이 있다면 무엇인지 나누어 봅시다.

각자의 이야기 혹은 간증을 간단하게 들어본다. 하나님의 형상으로서의 변화는 하나님의 존재방식인 관계적 차원으로부터, 성서를 통해 확인할 수 있는 하나님의 심정들, 이를 테면 사랑하심, 용서하심, 긍휼히 여기심, 죄에 대한 분별력 등이 내 삶속에서 회복되고 있음을 경험하는 것이다. 또 무엇보다 올바른 선택을 위한 도전을 하게 된다. 하나님은 우리로 하여금 소외된 이들을 돌보는 마음을 주시고, 정직한 셈을 하게 하시며, 정의의 편에 설 수 있는 용기를 허락해 주신다.

3. 그동안 주변의 환경에 대해 어떠한 마음과 태도를 지니고 있었습니까? 생활 속에서 자연에 대해 인간 중심적인 행동을 한 적이 있다면 이야기해 봅시다.

각자의 이야기를 들어보고 어떠한 변화가 있는지 살펴본다.
자연은 인간을 위한 수단이나 도구가 아니라 인간과 더불어 온전한 환경을 이루고 있기에, 어느 한편이 파괴된다면 아름다움의 균형이 깨어질 것이다. 그러한 상태는 샬롬의 상태라 할 수 없을 것이다.

앞으로 가정에서, 교회에서, 또는 직장에서 자연도 나와 같은 피조물이라는 동료의식을 가지고 작지만 실천할 수 있는 생활의 결단을 적어봅시다. 그리고 책상, 냉장고 등 잘 보이는 곳에 붙여 놓고 실천해 봅시다.

생태적 청지기의 다짐!

1. 쓰레기 분리수거 철저히 지키기
2. 일회용 생활용품 줄이기
3. 대중교통 이용하기
4. 자연보호단체 후원하기
5. (   )
6. (   )
7. (   )
8. (   )

새길말씀 외우기

하나님이 그들에게 복을 주시며 하나님이 그들에게 이르시되 생육하고 번성하여 땅에 충만하라, 땅을 정복하라, 바다의 물고기와 하늘의 새와 땅에 움직이는 모든 생물을 다스리라 하시니라 (창 1:28)

다함께 드리는 기도

1. 오늘 배운 말씀과 내용을 생각하며 다함께 기도하는 시간을 갖도록 합시다.
2. 오늘 참석한 구성원들을 위해서 이름을 불러 가며 중보의 기도를 합시다.
3. 오늘 참석하지 못한 구성원이 있으면 그 사람을 위해 더욱 뜨거운 마음으로 기도합시다.
4. 한 주간의 삶을 통해서 오늘 배우고 익힌 내용들을 삶으로 살아갈 수 있도록 기도합시다.
5. 하나님의 은혜 가운데서 한 주를 살고, 다음 모임 시간에 모두가 모일 수 있도록 기도합시다.

*사역자로서 이 과를 마치고 난 느낌이나 소감, 다짐 등을 간단하게 말해 봅시다.

다음 모임을 위하여

1. 다음 주에 읽어야 할 성경말씀을 읽고 확인합시다.
2. 13과의 배울말씀인 에베소서 4장 1–12절을 읽고 묵상합시다.

평신도 제자훈련교재
평가하기

평가항목	세부사항	그렇다	그저 그렇다	아니다
인도자의 준비도	인도자는 본 과의 교육목적을 이룰 수 있도록 충분하게 준비했습니까?			
교육목표의 성취도	1. 학습자들은 자신의 잘못된 선입견과 고정관념을 버리고 순수한 마음으로 주님을 만날 준비가 되었습니까? 2. 학습자들이 예수에 대하여 지식적으로 아는(know) 단계에서 체험적으로 아는(see) 단계로 발전하고자 결단하게 되었습니까?			
학습자의 참여도	학습자들이 진지하고 적극적인 태도로 성경공부에 임했습니까?			
성경공부의 분위기	성경공부를 하는 동안 학습자들이 편안한 분위기를 느낄 수 있었습니까?			
기타 보완할 점	기타 보완할 점이나 건의사항이 있습니까?			

성경 읽기표

읽을 범위		월 일 주일	월 일 월요일	월 일 화요일	월 일 수요일	월 일 목요일	월 일 금요일	월 일 토요일
	구약	주일은 설교말씀 묵상	삼하 1~4장	삼하 5~8장	삼하 9~12장	삼하 13~16장	삼하 17~20장	삼하 21~24장
	신약		눅 23장	눅 24장	요 1장	요 2장	요 3장	요 4장
확인								

MEMO